I Hear You

The Surprisingly Simple Skill Behind Extraordinary Relationships

傾聽的力量

練習一個神奇的傾聽法則，
創造圓滿關係，讓人信任讚嘆「你都懂！」

麥可 · 索倫森
Michael S. Sorensen

朱詩迪　譯

CONTENTS

序言

請記得，你遇見的每一個人，心中皆有所畏、皆有所喜，也皆曾有所失。

——小傑克森・布朗（H. Jackson Brown, Jr.）

「妳是本地人嗎？」

「也不算是。我是加州長大的，但我在這裡住了十五年。你呢？」

這是我和這位女士第一次約會。我開車去接她下班，約好一起前往附近一家優格冰淇淋店。她忙碌工作了一整天，所以我想今晚輕鬆小聊一下就好——花個半小時加深彼此的認識。如果一切順利的話，再約她週末見面。

我們在店裡閒聊著，但我很快就感覺到她有點心不在焉——不單是興致缺缺，而且整個人散發出一股自我封閉的氣息。她無精打采地靠在椅背上，時而以幾乎聽不清的聲音簡短回話，眼神也不停飄移張望，像是在尋找牆上的鐘，或是在找一個提早離開的藉口。

一個星期前我們初次相遇，那時的她明明是個熱情親切、開朗活潑的人呀！可是此時坐在我面前的這個人恰恰相反。無論我說什麼或問她什麼，似乎都激不起一絲對話的漣漪。她擺明了她沒有心情聊天。

我努力嘗試讓對話又進行了大約十分鐘，終於宣告投降。我們坐回車上準備打道回府。開車途中，我問起她的家人。她沉默半晌後，直說這個話題很敏感。「嗯，」我心想，「她的悶悶不樂也許情有可原。」我以為她會讓話題就此打住，沒想到她卻像是打開了話匣子似的。

「我父母最近在鬧離婚。」她說。
「喔……」我答道，頓時對她湧起無比的憐惜，「我很遺憾。」
「沒關係啦，」她勉強掛上一副堅強表情，但沒什麼說服力。然後低聲說，「我很好。」
「……妳確定？我覺得碰上父母離婚這種事，一點都不好。」我說，「換成是我，心裡一定非常糾結。」
「嗯，那種感覺真的是糟糕透頂了。」她已然卸下心防，坦言說道。她接著說：「還有，我剛剛才知道，我爸要和另一個女人結婚了，而他居然沒邀我去參加他的婚禮。說起來他和我媽分開才一個月！」
「有沒有搞錯啊？」
「對呀，真的很差勁。他有時還會寄錢來，不過那種感覺很侮辱人，難道他以為用錢就能彌補所有的傷害？還是他覺得這樣做，就能心安理得拋下我和我媽？撇開這些不講，現在我突然聽說他馬上要在夏威夷結婚，但他連自己的孩子都不邀請參加?!」

「實在是……」我說，內心混雜著驚訝、憤慨與難過。

我聽著她繼續訴說、發洩了好一會兒——我感覺得到她逐漸敞開了心扉，向我傾吐心底話。稍稍停頓一下後，我開口說話。

「嗯，芮秋，我真的覺得很遺憾。老實講，我不敢說我完全懂妳的感受，畢竟我不是當事人，我沒有親身經歷過妳所遭遇的事件。我只能想像：遇上那種情況，心裡肯定難受極了。」

她沒有正面回應我的這番話，但看來明顯放鬆了許多。

她說：「你知道更讓人受不了的是什麼嗎？那就是有些好友這時候只會安慰我：『你要微笑面對啊，微笑能讓心情好轉。』」

我搖搖頭表示不以為然：「最好是有用。」

「是不是！」她繼續說道，「有些朋友也跟我說類似的話，什麼『這已經是不幸中的大幸』、什麼『事情終究會過去的』……我不是笨蛋好嗎？我知道我總有一天會釋懷，只是沒必要在現階段提醒我！」

「真的讓人很無言哪，」我說，「遇到煩心的事情，最不想聽的就是這種不痛不癢的話。」

「沒錯。」她嘆口氣說。

漸漸地，芮秋對我全然敞開心扉，我們就坐在昏暗的車燈下又聊了一個小時。原來，除了父母離婚之外，她幾個星期前還出了車禍（幸運地毫髮無傷），不久前又得知她妹妹罹患癌症。離婚事件、嚴重車禍、妹妹罹癌——這個月內她遭逢了一連串的打擊，而我能感受到我們之間的交談，是她在這段時間裡第一次真正毫無顧忌、敞開自己吐露心中的所有情緒。

在交談的過程中，我盡量讓她感受到我理解她的心情。我不只是傾聽她的故事、替她感到難過，而且也與她的遭遇建立情感連結——我看見了她心中的痛楚，但我不試圖去修復她的情緒，也不急著提出建議或叫她別想太多。在那個當下，我唯一能做的就是讓她感覺到她心中的委屈、憤怒和混亂是正常的、是可以理解的。她完全有權利而且也非常需要——去感受自己真實的情緒。

這場夜晚約會接近尾聲的時候，她沉默了一會兒。「謝謝你，」她說：「很抱歉跟你大吐苦水。可能是我一直覺得自己不該跟別人談太多負面的事情……我已經很久沒有像今晚這樣，有一種真正能喘口氣的感覺了。」

我謝謝她對我如此坦誠傾訴，然後陪她走回家。獨自回到車上後，我靜靜坐著回想今晚發生的一切。原本是一段尷尬、單方面投入的半小時約會，後來轉變成一場彼此交心的難忘經歷！在最後的一小時裡，一個認識沒多久的人卸下了心防，向我吐露心事，而我也對她產生一種真切關愛與疼惜的感覺——當然，我指的不是男女情愛，而是跳脫男女情愛、從內心深處理解和關心別人的那種感覺。

那天晚上，我在日記裡寫下這段話：

很開心她可以放心對我訴說心事。我相信她在傾訴的過程中，能夠感受到我對她的愛，因為我懂得站在她的立場聆聽，向她傳達我理解且肯定她各種情緒的存在。如此的談話就像是一股清新空氣，讓她心裡的一塊大石頭落了地——終於可以喘口氣，也讓她感覺自己被聽見、被懂得。

我的頓悟時刻

那次的經歷對我來說是一個轉捩點。我比以往更清楚感受到「認可」（validation）在人際關係中的強大力量。而這個頓悟，讓我興奮不已。

所謂「認可」，簡單來說就是**在溝通中讓對方感覺到自己被聽見、被理解**。我初次學習到這個溝通技巧，是來自於我的治療師兼人生教練。我們每週晤談兩次，以一對一或團體的形式進行諮商輔導。那幾年間，我們處理了各式各樣的狀況，從職場紛擾、感情問題到日常壓力。她的方法著重在教導大家如何活出真誠、有力量、具有連結感的人生（順帶一提：我現在主張人人都應該有個好的治療師。說真的，這會讓你的人生從此改變！）我很快便接受了她提供的原則和做法，而且這些原則和作法，與世上大多數人的生活方式完全不同。然而，我愈是去實踐那些做法，我愈發感到自信，也愈發覺得與人的關係變得更加緊密。而我在這裡提及的「認可」或「正向確認」，也許你已經猜到了，就是其中一種做法。

那天與芮秋約會的時候，我對於「認可」的溝通技巧已相當熟悉。我知道怎樣去察覺對方內心希望被聽見、被理解的需求，也已有了幾次滿足對方此種需求的經驗。不過那時我還不知道的是，人們有多麼渴望獲得情感上的接納！那次我親身領會到這種對談方式神奇地瓦解了芮秋心中一道由怨憤、沮喪和難過築起的情緒高牆，對我來說是很有啟發性的一個經歷。

接下來幾個月裡，我與家人、朋友和同事也有類似的交談經驗。話題從戀愛、婚姻到重大的生意決策都有，而我發覺自己在這些對話中，往往能以和對方建立情感聯繫的方式，引導對方表達出內心真正的感受和想法。

我持續練習這項新領悟的溝通技能，成果也愈來愈明顯。漸漸有不少人說我是個「很好的聊天對象」、說我是個「非常善於傾聽的人」。我的一位導師從旁觀察了幾次我與他人的互動之後，對我說：「你真的很有本事讓人感到自在。」同事們也告訴我，他們很欣賞我身為主管卻是那麼平易近人，更對我處理人際和跨部門衝突的方式刮目相看。

我分享這些評價並不是為了自我表揚，而是要說明兩件事實：第一，「認可」這個溝通技巧，具有顯著且廣泛的效能。第二，它是一項人人都能學會的技能。也就是說，這些人在我身上所感受到的種種，都是我透過學習而來，而非我天生就是個溝通好手。

既然我知道自己已經學會了十分寶貴的溝通技能，於是也很想把這項技能與人分享。我生活裡幾乎每個層面都變得更加美好——無論是跟朋友的相處、與同事和老闆的溝通、交友約會、家人關係，甚至是與陌生人的互動——都因為我懂得如何在對話中嘗試理解對方，並且認可對方情緒和感受的存在。所以，我想我必須把這種技巧分享出去，讓更多人受惠！

雖然我在網路上找到了幾篇談及「認可」的簡短文章，但卻找不到完整、明白地講述該怎樣實際運用的內容。市面上的書籍題材包羅萬象，像是教人把髒話罵得到位、怎樣利用貓毛製作手工小物（沒開玩笑），但很少有書籍探討如何充分發揮「認可」的力量。因此，除了推薦人們投入四年時間參加治療訓練，我一直思索著，還可以用什麼樣的方式分享這項寶貴技能。

就在和芮秋約會大概過了半年之後，某天我接到我哥打來的電話。他說他最近過得有點糟，需要別人給他一些建議。他向我敘述了他的遭遇，然後沉默下來等我回話。當下我的直覺反應是馬上向他提出對策，然而，我回想起那一陣子運用「認可」技巧溝通的經歷，所以我想，比起直接獻計，必然還有更好的對話方式。於是我把建議的話語擱置心中，轉而回應：「老哥，我很難過，遇到這種事，你的心情一定超級無敵悶。我想到上個月我也經歷過類似的事情，我可以理解……那真的很不好受。」

不出所料，簡單平實的一段話，承接住了他心中的挫敗情緒。當他接下來再度開口說話時，他的聲音多了一份安心感。他告訴我他對自身處境的想法，以及他打算怎樣處理眼前情況。令我驚訝的是，他早就在考慮我原本想提的那個解決辦法了。雖然他打電話來表面上是要尋求建議，但他真正想要得到的其實是情感上的肯定。我們又聊了一會兒才結束對話。他謝謝我陪他聊心事，也說他的心情好轉許多。掛斷電話後，我坐著沉思了一陣。

「認可這種溝通方法真是厲害！」我不禁在內心讚嘆。

緊接著，我的腦袋裡冒出一個我從未有過的想法。

「何不來寫本關於認可的書？」

「笑死人了！」心底有個自我質疑的聲音反駁道：「你算哪根蔥，有什麼資格寫書？」

儘管如此，寫書的念頭始終縈繞不去。聽來或許匪夷所思，但我感到一股非得要寫些什麼不可的急切感，不然就好像對他人有所虧欠一樣。我不該獨自享有那些對我人生有很大幫助的溝通原則。

「但我不是作家，也不是學者或治療師，」我心想，「憑什麼要其他人豎起耳朵聽我談論我的想法？」

確實，人們可能不會理睬我。然而，隨著日子一天天過去，我生活中的每一場對話經歷，以及每一次自我省思的時刻，都勾起了我撰寫本書的念頭。我必須把這項溝通技巧的種種寫下來！我至少要嘗試把它分享出去。只要有一個人因此受惠，那就值得了。最後，在一個陽光明媚的星期六早晨，我打開筆電，開始著手寫下這本書。

本書想要告訴你的事

所以說，我不是心理學家，我不曾為哪位大明星或商界大咖做過諮詢，也沒有什麼專家頭銜。坦白說，我根本不覺得自己在才智、天分或能力上有什麼過人之處。然而，我可以和人分享的就是我從四年多的治療、諮商，以及大量的反覆試驗中獲得的知識與心得。我彙整了許多相關書籍中的見解及最有效的練習方法，又和執業心理諮商師累計討論了超過五百小時，總結出一些關鍵的原則，然後再將那些原則與方法加以實踐、調整、驗證了無數次。在你親身領會之前，你或許對我半信半疑，但我向你保證，這整套方法絕對是個好東西！

另外，想必你已經注意到了，本書篇幅並不大。我原本想補充一些額外的章節、故事以及一些灌水的內容，畢竟厚厚的一本書擺在書架上看起來比較威風，對吧？但就我個人而言，我最受不了的事情之一，就是讀到那種明明五十頁就能交代完畢、卻花了四百頁篇幅闡述的書籍——這本書不會是那副面貌。

相反地，我會直接切入重點，好讓你能把更多時間拿來實做。因為說到底，唯有親自試驗、不斷練習和應用，才能知道本書提到的原則是否如我所說的那樣有效。我提供了我認為能帶來幫助的例子和研究，去蕪存菁，目的是打造出一本輕鬆易讀、一個週末就能快速看完、必要時可再重新翻閱的書。

正式進入本書之前，我也想提醒，這些溝通原則並不能瞬間解決所有的人際問題，也不能治癒百病或讓你變帥、變美。不過，它們可以改善你的人際關係，增加人們接受你建議的可能性，也可以提升你陪伴別人度過困境的能力，幫助你更輕易駕馭情緒化的情況。我見證了這些原則在我自己、以及在無數人的生活中帶來的神奇改變。一次又一次，這些溝通原則的功效屢試不爽。只要你認真以對，你絕不會失望！

第一篇

認可的力量

第一篇　認可的力量

[第 1 章]

值得你用心學習的溝通技巧

第1章 值得你用心學習的溝通技巧

有人傾聽，獲得他人理解，是人類內心的一大渴望。凡是學會傾聽的人，一定會備受愛戴與尊敬。

——理察・卡爾森（Richard Carlson）

大部分人看完美國作家理察・卡爾森上述那段引言，反應會是：「廢話，這還用說。誰不希望別人可以好好聽自己說話？假如我是個很好的傾聽者，別人當然會更喜歡我、更敬佩我！」雖然這麼說沒錯，但那段話的含意不只是這樣而已。仔細看看前半句的中間部分（我認為那才是重點）——被傾聽和被人理解，是人類內心的一大渴望。前後使用兩個不同的語詞，意味著被人「傾聽」和「理解」是兩件不太一樣的事，而我們人類同時有被傾聽、被他人懂得的心理需求。

你是否有過這樣的交談經驗，那就是，對方明明清楚聽到了你說的話，卻似乎沒聽懂你的意思？或者，對方也許聽懂了你的意思，但對於你那番話中的情感以及重要性，好像沒什麼反應。這些情況都是對方聽到了你說話，可是卻沒有真的聽見你話語中的意義。雖然「聽」嚴格說來屬於一種感官（即耳朵讓人可以聽見聲音），但在口語上，我們常用「我聽見了、我懂」（I hear you）來表示「我理解你」或「我瞭解你為什麼這樣說」。而我們渴望得到的，正是一種真正理解與交心的「聽」。

那問題來了，你要如何讓對方感受到你真心懂得呢？這就是溝通的有趣之處了。一個真正善於傾聽的人可不光只是聽對方傾訴，而是做到三大要點——**傾**

聽、嘗試理解，然後向對方傳達理解（認可對方內心感受和想法的存在）。而「向對方傳達理解」，能在人際溝通中發揮畫龍點睛的效果。

別只是聽，說點什麼吧！

我曾有位朋友，她是那種善於傾聽、但拙於向對方傳達「我理解」的人。不論我跟她講述的是開心或悲傷的經歷，她常就是面無表情地坐在那兒聽我說話。我講完的時候，她看著我的眼神彷彿在說：「你還有要說什麼嗎？」

某天晚上，我跟她分享了一件格外令我興奮的事情之後，我實在是受不了她這種反應了。當時我剛跟她分享完畢，稍微冷靜下來——因為我說起故事總是興致勃勃的——我看到她臉上又掛著同一張空洞表情。「酷喔。」最後，她吐出一句話。

然後就沒了。

我停頓了一會兒，期待她接著再說「真是興奮啊！」或「那你是怎麼辦到的？」諸如此類的話，表示她真的在乎我剛才講的事情。況且，我剛才連珠砲講了好幾分鐘，她肯定不會只有「酷喔」一句簡短回話吧？

嗯，只有那句。除此之外，什麼也沒說。

她繼續面無表情地（儘管友善）看著我，最後忍不住問我：「怎麼了嗎？」好吧。到底出了什麼問題？她聽見我分享我的故事，過程中沒有插嘴，之後的簡短回話聽來也有一定的善意。我究竟在期待什麼呢？

我期待的——事實上，也是那時我在那段關係中渴望獲得的，就是被「認可」。我想要感覺到她懂我、理解我，我想要她同樣感受我的興奮。我之所以跟她分享那件事情，並不是因為我喜歡講話，而是希望她可以瞭解我的興奮之情，與我一起感受雀躍。我希望我們能透過共同的感受，拉近彼此之間的距離。

那天晚上回到家後，我就跟一般正常人一樣，開始漫不經心地滑臉書。瀏覽了幾分鐘後，看到一則出自《商業內幕》（Business Insider）的文章連結，標題為〈科學證明，長久的感情關係取決於兩大特點〉。在好奇心驅使下，我點開連結閱讀。

該篇文章探討了心理學家約翰・高曼（John Gottman）所做的研究，他在過去四十年來研究了數千對情侶，試圖找出成功維持感情的秘訣。為了進一步瞭解為什麼有些伴侶擁有健康且長久的關係，有些伴侶則不然，高曼與他的研究小組將華盛頓大學的實驗室布置成漂亮民宿，陸續邀請了一百三十對新婚夫妻於週末前來居住一天，並且觀察他們在從事一般週末日常活動（例如做飯、閒聊、打掃、膩在一起）時的相處過程。

高曼研究了每對夫妻的對話互動，然後發現一種現象：在一天之中，伴侶之間會互相拋出瑣碎、看似無關緊要的「連結請求」。比方說，丈夫看向窗外，突然驚呼：「哇賽！妳快看那輛車！」他並不單純只是在評價那輛車，而是期待他的妻子回以同樣的關注或理解。他想要透過那輛車，與妻子產生情感上的連結，就算只有一瞬間也好。高曼將這些請求連結的話語，稱作溝通的「邀請」（bids）。

這時候，妻子可以選擇正面回應（哇嗚！是一輛很炫的車耶！）、負面回應（呃，醜死了。）或被動回應（嗯，還好，親愛的。）高曼把具有積極參與感的正面回應，稱為「面向」（turning toward）對方，而負面及被動式的回應，則稱之為「背向」（turning away）對方。結果證明，夫妻間回應溝通邀請的方式，對婚姻幸福有極大的影響。

高曼發現，那些在六年之內離婚的受試者夫妻，僅有百分之三十三的時間會「面向」對方發出來的溝通邀請。也就是說，他們相互發出的連結請求，只有三成會得到對方的關注和同理回應。①

對照之下，六年之後仍相守的夫妻，則有百分之八十七的時間會「面向」溝通邀請。意即，健康婚姻關係中的伴侶，有近九成的機率滿足了另一半的情感需求。

更妙的是，高曼藉由觀察上述幾種互動形態，就能以高達百分之九十四的準確度，預測出一對伴侶（不論貧富、性向、年齡）在未來幾年是會分手，還是會在一起卻不開心，還是會幸福廝守。*

我坐在電腦前讀著那篇文章，霎時覺得豁然開朗，全身湧現一股茅塞頓開、

* 高曼將他的發現，寫成名著《七個讓愛延續的方法：兩個人幸福過一生的關鍵秘訣》。遠流出版。

得到印證（也得到些許平反）的感覺——沒錯，我的感情就是這裡出了問題！我的確每天都拋出許多「溝通邀請」或連結請求，卻感覺我的女友極少會「面向我」。

那時，我對人際互動中「認可」的概念已經非常熟悉，也很習慣運用這個概念對待他人，只是還沒學會察覺自己哪些時候需要獲得認可。讀了那篇文章以後，我才發現高曼所謂的「面向」對方，其實就是「認可」的另一種說法，指的是——**對他人的意見、請求或喜怒哀樂等情感，表達關注，並且肯定其存在的價值**。

這個新領悟讓我更清楚認識到，嘗試理解並且肯定對方各種想法和感受，是打造健康、美滿關係的不二法門。而且，不只是感情關係，對於任何一種人際關係，這都是不可或缺的要素。因此，本書的核心觀念是：要成為「優秀的傾聽者」，就必須做一個善於給予他人認可的人。

萬用溝通術

幾年前我和一位好友見面吃午餐，敘舊聊近況。聊著聊著，話題落到了我當時對於認可技巧的學習及探索。我曾在幾個月前和他分享我的一些研究心得，所以那段期間我們都在「試用」體驗。我們討論了彼此最近和他人的談話經驗，尋找當中的共同點，最後都對這種溝通技巧的效果驚嘆不已。就在一個星期前，我透過「四步驟」（將在本書第二篇介紹）化解了一個工作場合中的緊張局面。以前我還不懂要怎樣給予他人認可的時候，類似狀況都會演變成長達一、兩個小時各執己見的爭論，而且經常以深深的挫敗感收尾。

但我運用新方法之後，不僅半小時內就順利完成溝通，也讓各方都感受到他們的立場得到了傾聽和理解。我跟好友描述了這整段經歷，自己都覺得不可思議地搖搖頭笑著說：「這簡直像是超能力！」

嗯，聽來誇張，我知道。不過，認可技巧的效果確實驚人。當然，並非每一次與人談話都可稱得上翻轉我人生的經歷，但運用「四步驟」溝通之後，往往能達到一定成效。在學習讓他人得到傾聽與理解的過程中，我漸漸察覺人們有多麼迫切需要獲得情感上的認可，而且真的只有少數人知道使用認可的技巧，所以我才會說它就像是一種超能力。

只要掌握本書列出的原則、工具和技巧，你就擁有以下能力——

・**安撫（有時甚至能消除）對方心中的憂慮、恐懼或不確定感**。這在面對另一半不開心、應對暴怒的客戶或同事，或是設法跟小孩講理的時候，尤其有幫助。

- **強化對方的興奮和快樂感受。**雖然是錦上添花，但不少研究指出肯定對方的正面經驗，可以大幅提升關係中的連結感和滿意度。
- **給予對方支持與鼓勵，即使你不知道該如何解決問題。**知道自己有能力在任何情況中幫助到別人（不管你的經歷或專長為何），可以讓你更有自信。
- **在親密關係中，更懂得如何表達愛、理解和同理心。**根據研究（及常識）顯示，這項技能乃是維繫長久、幸福關係的關鍵所在。
- **讓別人能夠放心自在地向你傾訴。**這有助於建立更深入且更有意義的人際連結，同時也增加別人對你的親近感。

- **避免爭執，或快速化解爭執**。相較於爭辯不休終於導致對話陷入鬼打牆，若能掌握方法安撫對方情緒並且有效傳達自己的意見，就能節省時間、減少挫敗感，讓溝通事半功倍。
- **提供有效建議**。在你嘗試理解、並且肯定對方各種想法和感受的存在之後，對方會更願意接受你的建言、意見回饋以及安慰的話語。
- **成為人見人愛的萬人迷**。當別人感覺到被你傾聽、被你理解，就會本能地對你產生好感。被傾聽、被肯定是人類內心深層的需求。因此，能夠出自真誠滿足對方被聆聽、被肯定需求的人，將備受他人喜愛與尊敬。

簡單來說，這套溝通術非常管用！而且，它幾乎適用於生活中一切的人際往來。無論是面對老闆、同事、朋友、手足、父母、子女、伴侶、鄰居、髮型師、房東，或是偶遇的計程車司機，你都能運用認可技巧讓彼此的互動相處更融洽美好。

第一章摘要

我們想要（以及需要）的不只是對方聆聽的耳朵。身為人類，我們還有被他人傾聽和理解的心理需求。我們想要得到被接受、被肯定的感覺。因此，好的傾聽者不光只是聽人說話而已——還會向對方傳達理解、讓對方感覺「他懂我」。

在婚姻或愛情中，「認可」具有關鍵影響力。根據研究顯示，懂得相互傳達理解與支持的伴侶，更容易擁有幸福且長久的婚姻關係。

認可是一種萬用且有用的溝通技巧。有效運用認可技巧，可以撫平恐懼或沮喪情緒，增強對方的興奮或開心感受，讓對方願意聆聽你的想法、深化雙方的關係，快速化解爭執，更能讓你成為一個受歡迎的人。

[第 **2** 章]

認可的基本概念

第2章 認可的基本概念

溝通需求的背後是渴望分享。渴望分享的背後是需要被人懂得。

——李奧・羅斯敦（Leo Rosten）

人是群居的社會動物。每個人都渴望得到接納、理解、歸屬。開心如意的時候，我們想與人分享欣喜雀躍。悲傷難過的時候，我們尋求安慰與支持。不管怎麼說，人類天生需要情感連結。正如學者約翰・高曼在研究中指出，人們每天拋出數十個、甚至數百個連結請求。不論我們察覺與否，大多數時候我們都在尋求認可。

我曾在前面的篇幅提過，就人際交往技巧來說，認可指的是——確認並肯定某人情緒存在的正當性或價值。認可基本上是向對方傳達：「我懂你的意思。我明白你的心情，你會有那種感受是完全正常的。」

有效的認可包含兩大要素：

1. 能確切辨識出：對方現在的情緒是哪一種，
2. 能適切地表示：該種情緒的存在是有理由的，是必要的。

舉例來說，假設你和某位女同事一起外出吃午餐。用完餐回去辦公室之前，你們又繼續閒聊了一會兒，但你發現她好像有點心不在焉，時不時查看手機，不像平常那麼全神投入彼此的聊天。於是你忍不住好奇問她怎麼了。

「唉……照理說我女兒練完舞回到家應該要打電話給我，」她說：「但到現在都還沒打來，我也連絡不上她。已經超過一個小時了，所以我有點擔心。」

這時你會怎麼回應呢？你會試圖安慰她嗎？（唉呀，我相信她一定沒事啦！年輕人嘛，她可能就只是忘記了。）還是會開始幫她想辦法、出點子？（妳打給她的朋友問問看嘛！）這兩種回應方式也許有用，但若能先表現出「認可她現在的反應——她的擔憂」，之後的安慰和建議可能會更有效（稍後我會說明理由何在）。

若要在這一情境向對方表達認可，你必須先將建議和安慰話語暫時擱置一旁，轉而表示諸如此類的話：「我理解妳擔心的心情，尤其是她說好了一個鐘頭前要打來……」

你注意到了嗎？這句話符合上述兩大要素：第一，辨別出對方的確切情緒

（擔心）；第二，表達該種情緒的存在是必要的，是有理由的（她等了一個多小時都還沒接到女兒的電話）。如此回話，能使對方知道你不但聽見了她的心情，也理解她為什麼有那樣的感受。比起直接向對方提出解決問題的對策，認可對方的內心感受，可能才是最有效的幫助——雖然我們都會傾向於直接建議對方如何解決問題。

上述論點，在二〇一一年發表的一項研究中獲得了證明。在研究中，受試者必須在短時間內完成幾道麻煩的數學題，接著再描述自己的情緒狀態（例如感到緊張、不知所措、有信心等等）。然後，研究人員根據受試者的表述回以認可或者不認可的評語。比方說，假如受試者表示受挫，研究人員的回話會是：「是哦？其他人也覺得有挫折感，但好像都沒你那麼嚴重。」（不認可）或者：「我理解你的心情——在沒有紙筆的情況下叫你算數學，真的會讓人覺得受挫！」（認可）。

然後進入第二個階段，受試者繼續做算術題，然後再一次向研究人員描述自己心中的感受。研究人員對其情緒表達再度回以認可或不認可的答覆。

這個過程重複第三次才結束。研究人員全程記錄下受試者的心跳率、皮膚導電度這些測量生理反應常用的指標，以此評估他們對壓力與回饋意見的反應。實驗結束後，研究人員將數據彙整分析，總結出趨勢、關聯性及研究結果。

結果也許不出人所料，接收到不認可反應的受試者，其皮膚導電度逐漸增高，壓力反應的延續時間較長，心跳率也持續上升。除此之外，他們在每一回合的試驗後都表示負面感受有增無減，儘管研究人員屢屢告訴他們「不要擔心」。換言之，這群受試者一直處於擔心的狀態中，也確實覺得這個實驗難以忍受。

反觀情緒得到認可的受試者，則表現出截然不同的結果。這些人的皮膚導電上升程度不如上一組人，他們的負面感受也沒有顯著增強，而且實際上心跳率在實驗過程中還呈現逐漸減緩的趨勢[2]——你看出關鍵差異了嗎？與情緒不被認可的受試者相比，他們的心跳率不單只是保持穩定或上升得較慢，實際上更漸漸降低了——即使他們接著還得去回答那些有難度的數學題目。

也就是說，雖然兩組受試者面臨同樣的壓力源，但情緒受到認可的受試者顯然更能調適自己的情緒，並且在壓力下保持冷靜。

大多數時候，發洩情緒或抱怨的人對於該如何應對現況心中早有定見——他們只是需要別人瞭解和體會到他們的難處困境。雖然這幾乎有悖直覺，但「認可」往往是幫助他人排解憂慮、重歸正軌最簡單快速的方法。

認可反應

表達認可的方式當然有無數多種。只要是向對方傳達你能夠瞭解並接受他的情緒感受，這就是一種認可的表現。以下這些回應，在適當的情境脈絡裡都能傳遞出認可的訊息：

- 哇，那樣應該會讓人很傷腦筋吧。
- 他真的那樣說？換作是我也會很生氣！
- 天啊，那也太令人失望了。
- 我完全懂你為什麼會有那種感覺；我以前也經歷過類似情況，真的很難受。

- 這絕對值得你自豪；這可是一件了不起的成就！
- 太好了，真替你感到開心！你付出了這麼多努力，終於有回報，這樣的感覺一定超棒。

再看一次上述回應，都提到了某種確切情緒，而且也在一定程度上，對該種情緒存在的合理性表示肯定或接納。若你的認可回應具備了這些要素，一定可以讓對方感覺到你不僅聽見了他們的話語，也理解他們的感受。

不認可反應

我們現在已經學到了基本的認可反應，接著來看看另一種更常被採用的溝通表現：不認可反應。不認可反應通常是出於善意，但事實上卻會讓人感覺更無助。

我們從小就從這個社會中學習到「應該」懷有某些情緒、「不應該」懷有另一些情緒。像是「不要哭」、「不要擔心」、「不要生氣」，還有「開心點」、「更有自信點」、「別想太多，單純享受過程就好」這類回應話語，在在強化了該／不該有某些情緒的觀念。

基於各種原因，我們學會排斥某些情緒，為它們貼上「壞」情緒的標籤，例如憂慮、恐懼、嫉妒、自大、悲傷、愧疚、不確定感……。同時，我們被教導要去感受更多「好」的情緒，通常包括快樂、振奮、沉著、信心和感激之情。

表面上看，這也許非常完美，但當我們因為自己懷有「壞」情緒而貶低自己時，就不完美了。假如說我不應該生氣——但我卻生氣了，那我可能就是個差勁或脾氣暴躁的人。如果我煩惱沒必要煩惱的事情，那我就是個缺乏理智或小題大作的人。如果我對沒必要害怕的事物感到恐懼，那我八成是個軟弱膽小的人。這種自責或慚愧的想法在我們心中蔓延，全都因為我們感覺到「不應該」有的情緒。

但事實上，情緒本身並無好壞之別，情緒就只是情緒而已。它們純粹是對外在情境的心理反應。不管喜歡與否，只要我們活著，每一天都會感覺到各式各樣的情緒。莎士比亞說得好：「世事本無好壞之分，好壞皆為一己之念。」因此，重點在於我們如何解讀、我們選擇怎樣應對這些情緒。

比方說，憤怒就是一個沾染臭名的情緒。儘管有不少人會放任自身的憤怒情緒演變成暴力行為，但也有一些人會讓憤怒引領他們走向有建設性的舉措。世上許多重大且正向的改變，都是源於某些人對眼前不公不義之事感到忿忿不平，從而將那股憤怒化作顛覆現狀的動力。

我們會給予情緒不同的評判，但這又與認可有什麼相關呢？一言以蔽之，評判對認可一點幫助也沒有。勸告他人應該感覺什麼情緒、不該感覺什麼情緒，反倒會讓情況變得更糟。

回想稍早提到的研究：告訴受試者不要擔心（或暗指其缺乏理性），這樣的做法事實上是更增添壓力。遺憾的是，我們很容易就否定或不認可他人的情緒；對大部分的人來說，那幾乎是一種下意識反應。你是否經常用以下這一類的話語回應朋友或家人？

- 一切都會沒事的！
- 你這種情況已經算幸運了！
- 至少不是……（自行填空）。
- 笑一笑、撐過去就好了。
- 船到橋頭自然直，別想太多。

・別再抱怨了！不是只有你一個人受盡委屈。
・這又不是什麼大不了的事情。

你可能跟我（或大多數人）一樣，或多或少都對人講過上述的話。「但如果真的沒有必要擔心呢？」你也許想問

那不是重點——重點是此刻對方正卡在擔憂的情緒裡面，並且想要別人瞭解和體會他心裡那份感受。不論性別、年齡或智商高低，每個人都曾經為了「沒有必要擔心的事」感到擔心或憂慮。在那樣的狀態中，端出一句「不要擔心」恐怕是徒勞無益。然而，若你能讓對方感覺到你可以瞭解並體會他的感受，反而更有助於對方找到解決問題的辦法，或者更願意聆聽你的意見。

什麼時候該認可對方

人人都喜歡被認可的感覺，但大多數人不知道這種感覺就叫做「認可」。也就是說，人們能感覺到自己的想法或感受是否得到他人的認可，卻很少人知道該怎麼稱呼這種感覺。因此，不太可能會有人直截了當地告訴你：「嘿，我需要你給我一些認可反應。」於是這不禁讓人想問：要如何知道何時給予他人認可？

人們拋出的認可請求，可能比你想像的還要多。根據我的經驗（這是不完全科學統計），百分之八十到九十的對話中至少會有一次傳達認可的機會。簡單來說，向你訴說的人多半希望在對話過程中得到你的認可。這同樣是源自人類對於被理解、被接納的基本需求——不管一個人有多麼獨立自信或自足，每個人的內在都有如此渴望。

如果你無法確定該不該表達認可，只需看看對方是否在分享什麼（可能是一件經歷、一種情緒、擔憂等等）就能判定。若某人正在向你分享某事（例如：「你絕對想不到我上班時遇到什麼事！」「我實在是對艾倫那傢伙無計可施了。」「我快被接下來的考試逼瘋了！」），那多半是在尋求情感上的認可。即使某人訴說完某個狀況後向你徵求建議，對方還是（自覺或不自覺地）希望先得到一些情感認可。

另外剩下百分之十到二十的對話，則是不涉及情緒或感受的事實敘述。比方說，某人單純地向你問路、指派某項工作任務給你，或是問你晚餐想吃什麼，這一類的交談大概沒有什麼認可不認可的問題。然而，要是對方請你指引方向，然後說他很擔心自己會迷路，那麼這又回到了認可請求的範圍。

例一：心情鬱悶的妻子

以下例子取自我的友人與其妻子的對話。妻子向丈夫傾訴她對自己姐妹淘的不滿情緒，期待得到丈夫的情感支持。

艾咪：唉，我真的很受不了愛蜜莉！

大衛：怎麼了？

艾咪：就是我們已經計劃好的姐妹小旅行啊，她一直改行程，感覺根本就不管我們其他人想做什麼。

大衛：嗯……那妳有沒有跟她說妳在這趟旅程中想做什麼？

艾咪：當然有啊，我們都有表示自己的想法！但她好像都能搬出一套道理，讓大家順她的意。哼，我真是受夠了。

大衛：妳就直白說出妳的感覺就好了啊。

艾咪：我實在很無力，她老是這樣。我覺得很崩潰，其他人都選擇退讓，任由她做主。但我才不想花這一筆錢，又請了一個禮拜的假，結果還得整天照著她的緊湊行程走！

大衛：哎呀，如果妳不想去，就別去了。

艾咪：我很想去！我只是希望能真正玩得開心！

大衛：那就跟妳其他姐妹聊聊嘛，我相信妳們一定可以想出解決方法。要不然我直接跟愛蜜莉說！

艾咪：不用啦，我會自己處理。我只是心裡覺得挫敗而已。

大衛：如果妳們每人安排一天的行程呢？

艾咪：沒那麼簡單，我們彼此想去的地點都相距太遠。

大衛：還是乾脆跟團旅行？

艾咪：不，我們想要自己安排行程。

大衛：（不太確定妻子此刻期待他怎麼做）好吧，那妳最好儘早搞定。妳們不是再過幾個禮拜就要出發了？

艾咪：（感覺受挫，準備結束對話）對，沒事的，我會自己看著辦。

為什麼大衛嘗試了這麼多次，想要幫助妻子找到解決方案，卻都沒什麼用？簡言之，他沒有意識到妻子**期盼得到的是情感上的認可，而不是解決問題的對策**。夫妻倆的對話結束後，艾咪的心情之所以依然沮喪，是因為大衛打從一開始就急著解決問題，而不是先確認並且理解她的鬱悶情緒。另方面，大衛覺得自己好意幫忙，但妻子卻顯得更加不悅，甚至有點防備，因此也讓他感到困惑，好像妻子不領情。

此一情境中，大衛想幫助妻子最有效的做法，就是承認她感覺鬱悶是合理的；而且，除非她徵求建議，否則不要主動獻策。不過，有一個因素，讓情況變得更加無解：艾咪自己都不知道她想要從丈夫那邊獲得認可，自己都不知道她希望丈夫認可她的感受。她只知道，丈夫愈是試圖撫平她的情緒或是為她指點迷津，她的防備感就愈發強烈。

要是大衛能認可艾咪的感受，而不是急著撫平她的情緒，他們的對話樣態可能演變如下：

艾咪：唉，我真的很受不了愛蜜莉！

大衛：怎麼了？

艾咪：就是我們已經計劃好的姐妹小旅行啊，她一直改行程，感覺根本就不管我們其他人想做什麼。

大衛：是哦？怎麼會這樣？

艾咪：我也搞不懂她。我快被逼瘋了。再過幾個禮拜就要出發了，我很怕到時候趕不及預訂。

大衛：哎……那真的會很掃興。那妳打算怎麼辦？

艾咪：我不知道。她老是這樣。我覺得很崩潰，其他人都選擇退讓，任由她做主。但我才不想花這一筆錢，又請了一個禮拜的假，結果得整天照著她的緊湊行程走！

大衛：嗯，有道理。旅費什麼的都是妳們四個姐妹均攤，對吧？這是大家共同的旅行，不是她的專屬假期。

艾咪：是不是！？我會想辦法處理，不過真的讓人覺得很無力。

大衛：嗯，會有那種感覺是很正常的。尤其是她經常這樣的話……

艾咪：就是啊！我其實早就料到了，因為她從以前就是這副德性！

大衛：要是我也會很受不了。

艾咪：唉，可不是嘛！

大衛：嗯……委屈妳了。

艾咪：沒事啦！我會再和她談一次，要是她死不讓步的話……哎呀，我也不曉得，可能到時我就做我自己想做的事情吧。

大衛：那也不錯啊。但還是希望她能放鬆一點。

艾咪：沒錯。

〔短暫停頓〕

艾咪：不管怎樣，謝謝你聽我說這些。你上班都還好嗎？

大衛上述的回話方式，運用到幾個本書接下來會探討的認可原則：他察覺出妻子需要的是情感上的認可，所以他沒有自顧自地提供建議，而是以純粹支持、尊重、不批判的態度應對，讓妻子得以暢言抒發她的鬱悶感受，而不是忽視或壓抑其真實情緒。如此的對話方式可以讓對方更加放鬆自在，也更具情感聯繫，而且更能帶來正向的結果。

例二：沒自信

假想你和某個對自己外表沒自信的朋友聊天——她剛經過了倒楣透頂的一天，坐在沙發上嘆息道：

「我覺得不可能會有男人看上我……」

大多數人聽到朋友這麼說，直覺反應是直接否定、反駁那句話，接著以各種讚美和鼓勵來增強對方的自信心。你也是那大多數人之一嗎？即使你的本能反應是想要反駁這句話，但閱讀本書至此，你也許會猜想：應該有更好的回應方式吧？（嗯，你猜得沒錯）。

假設你反駁道：「沒那回事！我敢保證妳一定會找到另一半。」這樣的回話其實也沒什麼不對。畢竟你可能會擔心，要是沒有這樣回話，搞不好她會以為你真的相信她這輩子注定單身。

但說實在的，毫不遲疑地回答「沒那回事」，這樣就真的能讓她感覺好一點嗎？她會因此豁然頓悟：「哦！原來沒那回事啊。我明白了，謝謝你！」從此一掃陰霾，開心自信地過日子嗎？

不太可能。

這一類的回話方式也許能暫時消除她的負面感受，但效果絕對不會持久。即使每一個聽她傾訴的人都告訴她說她很美麗、聰明、有趣等等，也無法改變她在某種程度上主觀覺得自己缺乏吸引力的事實。就像許多專業模特兒（就是那些人人公認相貌出眾、靠著臉就能賺錢的人）都曾坦言覺得自己很醜、沒人愛。在類似情況的背後，其實隱藏著更深層的原因，亦即為什麼他們會有那樣的感覺？因此，回歸到實際面，能讓當事人真正感受到自己受人喜愛的唯一方法，就是釐清觸發那些負面情緒的癥結點為何。

而「認可」技巧的有用之處就在於此。正如我們先前提及，當人們被強烈情緒蒙蔽時，實在很難解決眼前的困境；而愈是抗拒或壓抑這些痛苦或難受的情緒，它們反而會變得更猛烈、更可怕。認可他人的感受，就是幫助他人看清並接受自身的真實情緒，不論正面或負面。如此能讓對方更容易處理那些感受，從而走出情緒的迷障。

那麼，在這一情境中，你要如何傳達認可？如果不直接反駁對方的哀嘆、不試圖鼓勵或奉承，那你可以怎麼做呢？

不妨以真誠的好奇心，嘗試去瞭解她的處境吧！藉由提問來理解她的感受，以及這種感受從何而來。她可能感覺受傷，也可能是感到難堪、失落、惱怒，或是其他五味雜陳的情緒。關於發掘他人真實情緒的一些要點與技巧，我們將在後面的章節介紹。此處能表現出認可反應的方式可能如下：

友人：我覺得不可能會有男人看上我……

你：什麼？為什麼這樣說？

友人：路上隨便看都是美女，我根本比不上人家。

你：生活周遭長得漂亮的女生很多，確實很難避免去跟別人比較。

友人：對呀，那感覺糟透了。

你：妳為什麼會覺得自己長得沒別人漂亮呀？

友人：其實是前幾天晚上，小杰說了一些讓我難以釋懷的話……

透過這一情境對話可以瞭解到，在認可對方想法或感受的過程中，佐以些許好奇心，就能漸漸發掘出對方情緒的根源。在此例子中，抱持好奇心與同理心的溝通，讓你對友人沒自信的原因有了更多的理解。而這些理解能使你從更深入的層面，給予對方最有力的支持，同時也讓你能站在對方的立場提出意見、建議和鼓勵。

例三：求子

我父母剛結婚的那幾年，極度盼望生個孩子。他們一心想要為人父母，建立一個幸福美滿的家庭。然而，日子一天天過，一晃眼幾年過去了，卻沒能順利懷孕——想要有個自己的孩子顯然比他們想像中更加困難。他們反覆求醫、嘗試了許多生育療法，還是無法「做人」成功。他們的擔憂及恐懼——可能這輩子都沒辦法生孩子了——也變得愈來愈深。對我母親而言，母親節尤其難熬，因為那像是一年又一年的提醒著她還沒實現、也可能永遠都無法實現的願望，那就是升格為人母。

他們在那段期間向朋友、家人尋求情感支持的時候，不少人的回應方式如下：

- 只是時間問題啦，我相信你們最後一定可以成功受孕。
- 這沒什麼好擔心的呀！反正該來的自然會來，強求不得。
- （我個人最愛這句）你們怎麼可能生不出孩子!?拜託，我老公只要看我一眼，我就懷孕了！

說出這些話的人，可能不是有意說出傷人或不以為然的話，只是他們的回應缺乏同理心，並且刻意淡化當事人所面臨的煎熬和恐懼。不久之後，我的父母就不再跟那些人吐露真實情感，轉而向另一些更懂得同理及認可別人感受的人聊心事。

在這一情境中，更能傳達認可的回應方式如下：

- 我覺得很難過。我好難想像你們經歷的那種煎熬。
- 你知道嗎？雖然我們經歷的情況不完全一樣，但是我能感同身受。我和老公之前也是盼望了五年多才順利有了孩子，我還記得當時內心的痛苦……我能體會你們現在的處境實在一點也不輕鬆。
- 啊，我深感遺憾。這段過程真的好辛苦。你還好嗎？

認可 VS. 不認可反應

為了更完整掌握認可的基本概念，在結束本章之前，讓我們來看一下認可反應與不認可反應的並列比較。下述的例子都包含一段話語，以及針對這段話語的兩種可能反應（一種是認可對方的想法或感受，另一種是不認可對方的想法或感受）。這些認可的回答都很簡短、說到重點，而且聽來讓人感覺窩心；不過如果你想多練習一點，不妨花點時間，針對每一個情境發想其他可以表達認可的回答。

某人說：我很擔心即將到來的考試……

不認可反應	不用擔心啦！我相信你一定沒問題的！
認可反應	我理解你的心情。這門課確實有難度！

某人說：我快被這次的感冒折磨死了！根本無法好好睡覺，呼吸不順，喉嚨也超痛！

不認可反應	你好倒霉喔，但乖乖吃藥就會康復了啦。你這算還好了，我鄰居之前更可憐……他去年染上流感，躺在病榻上快一個月！
認可反應	唉，聽起來好慘。生病無法好好入睡真的很讓人崩潰，我也覺得喉嚨痛起來簡直要人命。

某人說：我再也不想去上學了！昨晚的才藝表演讓我糗到沒臉再去學校見人！

不認可反應	你根本不需要覺得丟臉。你表現得很棒！
認可反應	親愛的，我很遺憾這讓你感覺不開心。要像昨晚那樣站在全校同學面前真的很不容易——尤其是還要當眾表演才藝。你能說說現在有哪些情況是你特別擔心的嗎？

非常簡單又好懂，對吧？

恭喜你修讀完「認可知識小學堂」！現在你已清楚掌握了認可的基本概念，接下來要展開一場更全面——而且可付諸行動的深入分析。我們將在第三章、第四章澄清某些常見的誤解（引用有趣的研究與個人經驗），並簡要介紹一下「同理心」，讓你準備就緒、進入到第二篇學習強大的溝通原則。

第二章摘要

認可技巧包含兩大要素。第一，認知對方的確切情緒。第二，為該種情緒的產生找到正當理由。

認可是放下內心的評判標準。允許對方感覺自己真實的感受，不妄加評判該種感受的「好」或「壞」。

不認可（即刻意淡化或忽視他人的感受）會產生反效果。研究指出，即使是出於善意，表現不認可的反應只會讓情況雪上加霜。

與其急於給予建議或鼓勵，表現認可往往才是幫助他人的最佳解方。如此可以幫助對方更快放掉難受的情緒，從而讓他們自己找到解決問題的方法。除此之外，認可的溝通方式也能讓對方更願意傾聽和接受你的建議。

[第 3 章]

常見的誤解

第3章 常見的誤解

「連結」是人與人之間感覺到被理解、被傾聽和重視時所產生的能量。

——布芮尼・布朗（Brené Brown）

雖然認可技巧的基本概念很簡單，但我發現，有些常見的誤解會使得這種技巧沒有得到充分的運用，甚或被誤用。所以，現在就讓我們來釐清這些誤解吧！

誤解1：認可只須針對負面情緒

儘管我們前面針對負面情緒已經談了不少，其實我們也可以用認可技巧來支持正面情緒。事實上，研究指出，愈能認可他人的正面經驗，就愈能提升關係中的連結感和滿意度。

一項在二〇〇四年進行的研究發現，伴侶之間若能以積極、正向的態度回應對方分享的好消息（正面事件），則彼此對這段感情的承諾、信任、親密和滿意程度會比較高，而且日常衝突也會減少[3]。這其實沒什麼新奇，也在你意料之中，對吧？

但令研究人員訝異的是，消極建設性（passive-constructive）的回應對於彼此關係的殺傷力，與積極破壞性（active-destructive）的回應竟然是相同的。也就是說，即使你的回話是正面的，但以顯然不感興趣的態度回應對方的興奮感受，就跟用讓人洩氣的否定話語回應對方一樣具有殺傷力。

例如有一方分享了興奮的事，另一方以消極建設性的方式回應道：「嗯嗯，不錯……那你猜猜看我今天遇到什麼事！」或是以積極破壞性的方式回應：「你被升職？哼，我看你之後會忙到別睡了吧！」

假想一對夫妻在忙了一整天之後，坐在自家庭院休息。妻子查看著工作郵件，突然開心地轉頭跟丈夫說：「我剛收到我老闆寄來一封超感人的信！」丈夫頭也不抬地看著自己的手機，用一種愉悅、但明顯事不關己的口吻回應：「太好了，寶貝！」妻子察覺到丈夫其實不太在意她剛才說的話，只好撇過頭看向電腦螢幕，繼續瀏覽郵件。你覺得在那一刻，這位妻子感覺自己受到丈夫多少重視？你可能也有過類似的經歷，因此不難想像，無法給予正面情緒支持性的回應，會給關係帶來怎樣的負面影響。

試想，在上述情境中，要是丈夫能夠意識到妻子拋出的連結請求，從而肯定她的興奮感受，情況會變得如何——

「我剛收到我老闆寄來一封超感人的信！」妻子說。

「耶，是哦?!」丈夫回應，視線離開手機螢幕、抬頭望向妻子。

「對呀，我唸給你聽：『珍妮，我單純想向妳致意——妳負責處理各類專案的傑出能力，一再令我印象深刻。妳是我們團隊的重要戰將，我們能夠拿下那些訂單，妳絕對功不可沒。做得好，繼續保持！』」

「哇，真是太棒了！」丈夫回答說。

「是不是！」妻子眉開眼笑地說：「我印象中，這是他第一次讚揚我。」

「那真的蠻感人的耶。可見妳立下了大功勞哦！」

兩人又閒談了一會兒後，才各自把注意力轉回到自己手邊的事。不過是**一場**

簡單的對話，但日積月累，就會對彼此關係造成決定性的影響。

認可他人正面經驗的機會無處不在。然而，如果不加留意，很容易就忽略了。大多數人都有能力察覺到家人或友人心情低落，於是把握機會向他們表示支持；但往往會因疏忽而未將同等的關注，投注在家人或友人的好消息或興奮感上。

對於這一點，我不久前才有過深刻的體會。某天下班回家途中，我順路到一間速食店覓食，等待餐點送上的時候，我注意到對面桌的一對父子。男孩正在拼組兒童餐附贈的立體拼圖，他的爸爸則坐在對面埋頭看手機。光是看到這個畫面就令我難過（我內心懇求著這位爸爸放下手機），殊不知在男孩完成拼圖之後，場面變得更加讓人難過。

男孩在大功告成的那一刻，雙眼都亮了起來。他的臉上綻放出燦爛笑容，十分興奮自豪地把成果拿給父親看。然而，當我看到他的父親頭也沒抬地虛應一句「哦，很棒」，我的心頓時沉了下去。男孩又多看了父親一會兒，顯然期盼得到一些讚美或肯定。最後摸摸鼻子，低下頭繼續玩他的玩具拼圖。

眼前發生的這一幕幕令我不忍卒睹——不僅因為那位年輕爸爸錯失了一次肯定兒子、與兒子交流的機會，更由於我自知我也有類似的行為。小男孩雖然沒有抱怨，甚至默不吭聲，但他拋出的連結請求或所謂的「溝通邀請」並沒有得到滿足。

要是那位爸爸能放下手機，仔細看看兒子完成的拼圖，並且給予一些正面回應，例如「哇，你好厲害！這種拼圖很難耶！」那麼，他會傳遞給孩子另一種截然不同的訊息。

我們不但有能力認可對方的正面經驗，這樣做亦是培養健康和美滿關係的重要一環。學會辨識並把握這些機會，將大幅改善你與他人的關係。

誤解二：不苟同，就無法表示認可

認可他人，基本上就是向他人傳達「我可以理解為什麼你會有那樣的感受」。值得注意的是，這並不等於「我認為你是對的」或「我贊同你」。換言之，只要設身處地明白對方的立場，那麼不管在哪種情境中，你都能做到「認可對方的情緒」。

一旦你真正瞭解某人為何會有那樣的感受和想法，其實大部分人的行為——就算是看來無理取鬧的反應——都是事出有因的（雖然一開始看起來很難理解）。你可能可以從對方的生活背景、內心的期望和恐懼、他是否沒搞懂整件事等等角度去設想，最後你往往會發現，對方在某個情境下的反應確實是合情合理。

幾年前有位同事來我的辦公室找我談談。他坐下後，就開始針對某位男同事說他資歷不足，恐怕無法表現公司品牌的水準（我安排那位男同事負責幾件小型任務）。

我默默聽著這位同事陳述他的疑慮；過了一會兒，我忍不住插話，要他放心，我已經做好萬全考量。儘管如此，他對我說的話似乎是左耳進、右耳出，接著又對我本人的創意經驗和能力表示質疑。

自尊受挫的感覺不禁湧上心頭，我努力保持冷靜，避免自我辯解。儘管竭力克制，沒多久我還是開口向他一一細數我相關的學經歷，試圖讓他相信，我確實知道自己在做什麼——雖然有點白費唇舌。

我想透過說服他的方式來解除他心中的顧慮，同時也捍衛我的自尊。但不管我怎麼試，我發現根本沒用。他不斷跳針重述他原本的論點，並且接二連三提出新的疑慮。就這樣，我們的對話陷入鬼打牆，而他顯然聽不進我說的話。

於是我退一步思考，頓時看清我處理這件事情的方法完全錯誤——我沒有先理解、接納他的憂慮，就急匆匆地想解決問題——他之所以聽不進我說的話，是因為我對他說的話聽而不聞。我沉默了一會兒，仔細聆聽他的每一句話，試著理解他的感受。我發現，從他能掌握的局部資訊來看，他確實有理由感到憂心。

我停頓片刻後說：「小賈，你知道嗎？我真的明白你為什麼會有所顧慮。在沒有參與全程討論、不清楚案子細節的情況下，你只看到這傢伙突然承接他沒有足夠資歷勝任的項目。在這一點上，我完全同意你的想法。你基本上會納悶是誰主導這些項目、你在創意路線上是否有權過問等等。換作是我，我也會覺得擔心。」

「對啊，」他鬆一口氣說：「一點都沒錯，我只是在意他缺乏處理這類案子的經驗和能力。」

「啊哈！」我自忖：「有進展！」一段表示認可的話語，終於讓彼此跳脫了無休止爭論的迴圈。

我繼續說道：「我理解你為什麼會不放心。還有，我非常感激你為公司著想，也很謝謝你找我談這件事。我明白要主動開啟這樣的談話並不輕鬆。」

「嗯，真的！麥可。」他深嘆一口氣說：「你不知道我經過多少掙扎，才決定跟你談這件事。」

至此，原本緊繃的談話氣氛明顯緩和了下來；而小賈在感覺到自己被聽見、被理解之後，也終於願意打開耳朵，傾聽我的想法。我向他說明，我也覺得那位同事不是擔任這一職位的最適合人選，但是對方已具備足夠實力，可以勝任這些工作項目。我向他保證，我會全力輔助那位同事，確保交出最好的成果，同時也請託他協助執行幾項重要環節。

「謝謝你，麥可。」他說：「聽完你這麼說，我現在對這件事放心多了。」談話結束，他走出我的辦公室，彼此繼續各自的工作。

注意看看在上述例子中，我在經過幾次溝通碰壁之後，是如何做到認可對方心中的疑慮，而不用說出「我同意你的看法，那傢伙不應該負責這件案子」。要是我沒有停下來理解並認可他的想法和感受，我們的對話可能會僵持好幾個小時仍在原地踏步。

面對焦躁、生氣或不安的人，讓對方聽進你想法的最佳方法，就是認可他的感受。而且，即使你不同意對方的觀點，你也能傳達理解。學會給予認可，你將得到有效處理衝突、談判、分歧等的一大利器。

誤解三：認可就是複述對方的話

我在數年前學習到一種稱作「反映式傾聽」（reflective listening）的溝通技巧。它簡單來說，就是用自己的話語把對方所講的話重述一遍。其目的有二，一是要確認你是否有正確理解對方的話，二是可以讓對方明白你有在聽。

雖然這是很有用的技巧，但我發現它經常被誤解或錯用——如果你從頭到尾就只是一味重複對方所講的話，反倒會讓人覺得你的回話像機械似的缺乏真誠。

假設朋友跟你說，她很忿怒，因為她被老闆羞辱了。對此，反映式傾聽的回答可能會是：「他羞辱妳，妳覺得生氣。」這句話符合你所知的事實，又不帶批判，而且也向對方表示你有在專心聽。簡言之，**反映式傾聽把焦點放在對方剛才所講的話。**

反觀「**認可**」，**則是關注對方所表達的情緒**。正如我們在第一章提到的，大部分人不會反問別人是否理解自己的言詞，而是在意對方能否同理感受自己的心情。就上述例子來說，表現認可的反應會像是：「哇！我光是聽到他那樣說，就覺得火大！」主要的差別在於，你不是袖手旁觀她的遭遇，而是置身她的立場、設法理解她的感受。

若干年前，我參加了一門人際溝通技巧課。其中有幾堂課的主題是關於同理心與認可，而老師也鼓勵同學們課後保持聯繫，互相瞭解彼此在日常生活中實踐這些溝通原則的情況。

然而，班上有一位同學誤以為「反映式傾聽」就是「認可」，所以每當他想表現認可反應，總是給人一種冰冷疏遠的感覺。像是有次我打電話給他，希望能得到他一些情感支持、或者是不同的看法，我們的對話卻聽來如下：

我：嘿，泰勒，我現在心情超沮喪的。你有空陪我聊一下嗎？

泰勒：可以呀，怎麼了？

我：我花了八小時處理一件專案，結果客戶臨時更改要求，害得我得重做一遍。此刻我覺得壓力好大，心情有夠鬱悶。我只是想找人聊聊，讓情緒得到一個出口。

泰勒：嗯，那我先確認一下我有沒有理解正確。你現在心情鬱悶，因為你在一件工作案子上忙了八個小時之後，發現你必須重做一遍。還有，你覺得壓力很大，所以想找人聊天抒發。對嗎？

我沒有誇張，他真的就是那樣講話。

那樣的回話方式未必一無可取（至少我知道他有在聽），只是缺乏真誠的溫度，甚至有點古怪。我一邊聽他複述，一邊暗自想著：「我現在好像是在跟語音版的文字讀取程式交談一樣！」

他出於好意，不帶評判地單純反映我所說的話。但他幾乎像鸚鵡學舌般地重複我的話——這種作法就連反映式傾聽的專家都反對，且讓我感覺不到同理心，也無怪乎我們的對話無疾而終。我期待得到的認可回應比較像是：

「天哪！你花了八小時做那件案子？後來怎麼回事？……真遺憾，那真的會讓人的心情超級鬱悶。」

有效的認可需具備同理心與情感上的理解，因此不只是給予簡單的反映式傾聽而已。在傾聽的過程中，除了表示聽見對方所說的話之外，更要展現同理，讓對方感覺到情感共鳴。

第三章摘要

認可適用於任何一種情緒，無論正面或負面。懂得認可對方的負面情緒，能讓彼此關係變得更穩固、健康、美滿。然而，研究也顯示，能給予他人的興奮、自豪、開心等正面情緒支持性的回應，同樣有益於關係發展。

就算意見不同，你也能向對方表示認可。認可他人，基本上就是向他人傳達「我能理解為什麼你會有那樣的感受」。這跟「我認為你是對的」或「我贊同」是兩碼子事。此處的重點在於，如果你站在對方的立場，設想對方的思考脈絡及所處情境，你可能也會有同樣的感受。

認可不只是複述對方的話。在傾聽的過程中，若只是單純反映對方所說的話，而不設法理解話語背後的情緒感受，會給人不真誠和置身事外的感覺。雖然重述你所聽到的內容是很有用的溝通技巧，但認可所表現的是理解對方的情緒，以及「為什麼」會有那樣的情緒。

[第 4 章]

從同理心出發

第4章 從同理心出發

最偉大的奇蹟，莫過於當我們能夠透過彼此的雙眼，看見對方眼中的世界。

——亨利・梭羅（Henry David Thoreau）

下一篇我們將深入介紹「認可的四個步驟」，但本章我們要先對於同理心建立基本的認識。同理心是與他人建立真正連結的基礎，是一種感同身受的能力。有同理心的人，能夠站在對方的立場，體會對方的感受。更確切地說，有同理心的人，會嘗試理解對方為何會有那樣的感覺，並且設想對方所遭遇的一切。

「同理」和「同情」不一樣

同情，是一種關心或擔心他人的感覺，通常也伴隨著祝福，希望對方的境況或心情好轉。同情是站在局外往內看（例如：你很難過，真可憐啊。）

同理則是將自己置身其中，體會對方的情緒感受（例如：哇，這很令人難過。）

同情他人，是憐憫他人的苦痛。同理他人，則是感同身受他人的苦痛。

舉例來說：

同情	你身體不舒服啊，好可憐。
同理	蛤！流感可不是鬧著玩的。

同情	你遭遇挫折，我替你感到難過。希望你能突破困境。
同理	啊，那真的很讓人挫敗！

作家兼研究教授布芮尼・布朗（Brené Brown）在二〇一三年舉辦的一場座

談演講中，透過舉例，清楚說明了「同情」與「同理」之間的差別。

想像一下，有個人掉進了一個黑暗地洞。他仰望洞口，大喊：「我被困住了！這裡一片漆黑，我快受不了了！」

布朗教授表示，同情心的回應就像是從洞口向下俯視，對那人說：「哇！真是慘，你掉進洞裡了，好可憐啊。你想要吃點三明治嗎？」

相反地，同理心的反應則是爬下地洞、陪在對方身邊，說：「我知道待在這下面是什麼感覺，這種滋味真的很不好受。你並不孤單。」④

唯有與對方建立連結，並且至少在一定程度上理解對方的感受之後，才能做到有效的認可。

同理心養成技巧

難以對他人的處境感同身受嗎？關於培養同理心，雖然沒有萬無一失、一體適用的方法，但以下技巧可能會有所幫助。

同理技巧一：抱持好奇心

試問自己下列問題：

- 這個人經歷過什麼？過往的經驗是否影響了他的反應？
- 要是同樣的情況發生在我身上呢？我會有什麼感覺？
- 雖然我沒有遇過類似經驗，但我是否曾有過相似的感受？

・假如今天換作是我的（孩子／父母／工作／寵物……）陷入這種情境呢？

藉由提問諸如此類的問題，往往能讓你在對方所遭遇的情況中，發掘出一些引起你內心共鳴的感受。

同理技巧二：凝視對方

停頓一會兒，把你腦海裡掠過的所有想法拋開。利用片刻時間，真正看見眼前這個人的內心深處。保持眼神接觸。意識到對方就像世上所有人一樣，懷有恐懼、希望、不確定感、痛苦和喜悅。意識到對方的生活也許過得比你想像的更辛苦。

真誠凝視是一種非常有力量的情感體驗。花些時間去察覺他人心中的傷痛、興奮或期待，將有助於你跳脫既定思維。

同理技巧三：想像對方是個孩子

這聽來可能有點怪，但把對方假想成是年幼柔弱的孩子，往往能更容易體會到對方的感受。假設你的室友陷入某種困境，而你很難同理他的處境（也許你認為他應該「勇敢撐過去就好」），那不妨想想，如果此刻站在你面前的是個臉上寫滿恐懼、羞愧和難堪的四歲小孩，你會有什麼感覺？

說來慚愧，我曾叫一位正在驚恐中的朋友「拿出一點男人樣子！」但我真的不會對一個受驚害怕的四歲小朋友說那樣的話。

將他人想像成幼小柔弱的樣貌，是打通同理感受的好方法。

同理技巧四：學會辨識自己的情緒

倘若你不知道對方的感受為何，你就無法感同身受。可是，要準確地辨認他人的情緒並不像表面上看來那麼容易。值得慶幸的是，你可以透過養成辨識自身情緒的習慣，提升對他人情緒的識別能力。這看似很簡單，但實際上可能比你想像中困難。

比方說，我問你：「你現在感覺如何？」

你可能會像大多數人一樣回答：「還好。」

但是，「還好」並不是一種情緒，而是你對自己當下情緒的分類結果。

「好吧，」你說：「那我感覺很好。」

不，那依然無法傳達出你的情緒。

「好啦。那我感覺很開心。」

這就對了！開心是一種情緒，也是能讓別人產生共鳴的感覺。如果你說你感覺「很好」，我會猜想你是指你感到「滿足」，而我也許猜對，也許猜錯。相較之下，如果你說你感覺「開心」，我會更清楚瞭解你的狀態，也能更如實領略你的感受。

練習辨識自身情緒的方法之一，是在手機上設置提醒，每天固定做幾次自我審視。利用這些時間察覺自己當下的感覺，並且確認這些情緒感受的名稱。特別留意類似下列模稜兩可的回答：

- 很好
- 還可以
- 比昨天好多了
- 馬馬虎虎

• 目前都好
• 不太好

當你抓到自己使用諸如此類的含糊用詞，試著深掘出確切的情緒。例如：

• 「很好」其實可能是指：快樂、感恩、舒坦、知足、興奮、亢奮、自信或樂觀。
• 「目前都好」其實可能是指：知足、疲憊或憂慮。
• 「不太好」其實可能是指：害怕、傷心、難過、孤單、擔心、背叛、氣憤、不安、焦慮或軟弱。
• 「比昨天好多了」實際上可以套入任何情緒：開心、自在、興奮，或者悲傷、焦慮等等。

學會辨識自己的情緒，可以增進對他人感同身受的能力。主要表現在兩個方面：第一，你會對他人口中說出的這類「敷衍」回答變得格外敏銳。我發現自己現在隨時都能注意到這些回應，像是在上班、逛超市，或是和朋友出去的時候，當我問候對方「你好嗎」，人們十之八九會答覆「不錯啊」，對此，我會反射性地想再深入一點瞭解。「不錯而已嗎？」我通常會問。人們對於我的追問，幾乎總是更加真誠坦率、也更詳細，由此也讓彼此之間的談話更貼近真實（也更愉快）。

其次，養成辨識自身情緒的習慣，有助於你建立更豐富的情緒體驗樣本。當某人告訴你「我覺得很丟臉」，此時若你能回頭想想，自己在某個片刻也有過同樣的感覺，你會更容易感同身受。

相反地，假如你沒有辨識自身情緒的習慣，那麼，類似的「丟臉」感受很可能被你歸檔在心中「負面感覺」的資料夾中，較難以準確擷取和領會。

同理技巧五：不評判自己情緒的好壞

要對他人產生同理心，你必須懂得辨識、且不帶評判地接納他人的情緒。若你向來未曾辨識自己的情緒、不帶批評地接納自己的情緒，那麼要如此待人並不容易。遺憾的是，正如我們在第二章討論到的，許多人從小就以為，應該要克制、避免或忽視某些情緒。假如你看出自己有這種傾向，告訴你一個好消息，你已經踏上了通往改變的路途。你愈能意識到這種習性，就愈容易改變它。

下次當你察覺到情緒在內心升起（不管是什麼樣的情緒），確認自己是在壓抑、閃躲它，還是接受它。如何知道自己是否在逃避某種情緒呢？只需留意不認可（否定）的語句——你在默默告訴自己要「振作起來」或「別擔心」嗎？你是否在努力說服自己「過了就好，沒事的」？這些跡象都代表你在批判你的情緒，而非接受情緒。一旦你察覺到自己正在閃躲或克制情緒，你可以停下來、退一步，轉而練習接受它。

當你注意到情緒湧上心頭的時候，盡可能試著客觀看待它，就像科學家觀察反應一樣：

「天哪，我真的很火大。」

「嗯，我現在滿腔醋意。」

「哇，我其實挺難過的。」

你甚至可以進一步練習認可自己的感受：

「對，我很不爽。我會不爽是情有可原。他說他會準時，但現在他已經遲到十五分鐘了。我的不爽很合理！」

多多練習辨識、接受和認可自己的情緒，就愈容易同理、進而認可他人的情緒。

第四章摘要

「同理」和「同情」不一樣。同情是站在局外往內看（你很難過，真可憐啊。）同理則是將自己置身其中，體會對方的情緒感受（哇，這很令人難過。）

同理技巧一：抱持好奇心。試問自己諸如此類的問題：這個人經歷過什麼？過往的經驗是否影響了他的反應？要是同樣的情況發生在我身上呢？我會有什麼感覺？雖然我沒有遇過類似經驗，但我是否曾有過相似的感受？

同理技巧二：凝視對方。花些時間領會對方的內心深處。保持眼神接觸。意識到對方就像世上所有人一樣，懷有恐懼、希望、不確定感、痛苦和喜悅。意識到對方的生活也許過得比你想像的更辛苦。

同理技巧三：想像對方是個孩子。不妨把對方想像成四歲孩童的樣子。由於在許多社會文化中，展露情緒被看作是一種軟弱的表現，因此，對於一個內心也許正經歷折磨的成年人，有時很難對其發揮同理心。把對方想像成年幼的孩子，有助於消除這種既定成見，更容易真正感同身受。

同理技巧四：學會辨識自己的情緒。養成辨識自身情緒的習慣，就能更善於辨識他人的情緒。不妨考慮在手機上建立備忘錄，提醒自己每天做自我審視，盤點自己的內心感受。

同理技巧五：不評判自己情緒的好壞。下次當你察覺到情緒在內心升起（不管是什麼樣的情緒），確認自己是在壓抑、閃躲它，還是接受它。你愈是常練習辨識、接受和認可自己的情緒，就愈容易同理、進而認可他人的情緒感受。

第二篇

認可的
四個步驟

第二篇概述

認可的概念說起來相當簡單，但要懂得如何有效運用在日常生活，就需要一點基本的練習。本篇介紹的「認可的四個步驟」是一套屢試不爽的方法，可以讓你在幾乎任何情境中給予有效的認可與回饋。我從數千個成功傳達認可的經驗中，歸納出在這裡要介紹的四個基本步驟。每一步驟都包含了幾大要點，提供更充分的說明與指導。

認可四步驟的設計簡明，可適用於各種溝通情境，不論是簡短輕鬆的交談，抑或是漫長、氣氛緊繃的談話。由於每個互動都是獨一無二的，所以實際的運用方式也會因情況而異。儘管如此，認可四步驟在幾乎所有的情況中，都將幫助你與對方有更好的溝通，以及給予對方情感上的支持。我們會在本書第三篇探索一些實際運用的例子。

認可的技能，只要經由練習便能得心應手，正如學騎腳踏車或演奏樂器一樣。你不必每次與人交談時，都老是想著「步驟一、步驟二、步驟三……」。只要經過練習，你將自然而然地熟悉這套認可方法，並且能不假思索地運用自如。

現在就切入主題吧！

認可的四個步驟

1. 同理傾聽
2. 認可情緒
3. 在適當情況下給予建議或鼓勵
4. 再次表示認可

[步驟 1]

同理傾聽

步驟1 同理傾聽

展現尊重最誠懇的方式，就是真正傾聽對方所說的話。

——布萊恩・麥吉爾（Bryant H. McGill）

你必須先理解對方的感受，才有可能做到給予認可。而理解從傾聽開始，但除了傾聽對方說話，你還需要去思考對方話語當中的言外之意，從中確認對方所表達的情緒。這種傾聽方式就稱作「同理傾聽」（empathic listening）。

格雷戈里奧・比利科普夫（Gregorio Billikopf）是作家，也是研究衝突調解的專家，他指出，同理傾聽「需要的是陪伴對方，一起經歷當下的悲傷、痛苦、自我探索、挑戰或者喜悅。」⑤

當你傾聽他人說話的時候，不妨運用上一章討論到的同理心養成技巧。試問自己：「我從對方身上感受到什麼情緒？是憤怒嗎？還是傷心？期待？迷惘？換作是我會有什麼感覺？」

抱持好奇心去瞭解情況，主動詢問相關細節，表示你的關心，也藉此確認你的觀察是否正確。例如：

- 那是發生在上個星期，對嗎？
- 那你後來怎麼做？
- 等等！她真的對你說出那種話？
- 你那時的感覺如何？

- 你看起來很擔心。
- 你聽起來很沮喪。

你愈瞭解情況、愈清楚對方在此情況中的反應，就愈能給予有效的認可。

關鍵要點：同理傾聽

全神貫注

在當今生活步調快速、網路技術高度發達的時代，各種干擾不斷爭奪我們的注意力。你可能會想，與人交談時只要表面上看來認真聽，即使腦子裡在想別的事也沒什麼關係吧！其實不然。如果你心有旁騖，對方會立刻發覺。

你曾有過與人交談，但對方顯然心不在此的經驗嗎？對方也許不時滑手機、眼神飄移或是不停查看時間。在那當下，你很難感覺到自己受到重視。不管對方因為什麼而分心，說白了，都比跟你講話還來得重要。嗯，那種感覺不太好。《魅力學》（The Charisma Myth）一書的作者，奧麗薇亞・卡本尼（Olivia Fox Cabane）指出：「心不在焉不僅很容易被察覺，也會給人不真誠的印象，甚而造成更糟糕的情緒後果。若你在別人眼中看來缺乏誠懇，彼此之間很難產生信任、友好或忠誠。」[6]

如果有人在你心煩意亂或是忙得無法抽空的時候，想找你聊聊，那就如實告知對方，並詢問能否稍後再談。你可以這麼說：

「不好意思，我正在處理一件很棘手的事情。如果現在交談，我可能沒辦法集中注意力。我一個小時後打給你好嗎？我想要專心聽你說。」

之後，與對方交談時，要讓對方感覺到你的全神貫注。闔上筆電，即使螢幕沒有畫面顯示。摘下耳機，即使耳機裡沒有播放音樂。關掉電視，即使是靜音模式。這些小小的舉動有助於大大提升你的「臨在感」（presence）。這麼做不僅能讓你避免分心，也代表你夠在乎對方，所以想全然專注於彼此的對話。

若你好奇這些舉動是否真的會有影響，不妨參考一下：根據研究顯示，只要手機出現在眼前——即使只是把它擺在桌上，就可能降低對話的品質——我沒在開玩笑。二〇一四年一項名為「iPhone 效應」的研究中，研究人員將二百位受試者兩兩配對，安排他們坐在咖啡店互聊十分鐘左右。研究助理從旁觀察每組受試者對話的情況，尤其關注在交談過程中，他們是否使用、碰觸手機，或者是把手機放在桌上。交談結束後，受試者要回答一系列評估連結感、同理感受等的問題與敘述，其中包括「你的聊天夥伴有多認真理解你的想法和感受？」「我覺得我確實可以信任我的聊天夥伴。」

結果如何呢？

相較於沒有手機出現的情況下進行的談話，若受試者拿出手機或是把手機放在桌上，對於對話品質的滿意度較低[7]。「數位通訊設備具有象徵意義，代表著人們廣闊的社交網絡。」研究人員指出：「即使當下並未使用手機，就算手機沒有響、沒有震動，也沒有顯示通知，只要手機出現在視線範圍，人們就會忍不住想要查找資訊，查看郵件和訊息，思緒也因此轉向了其他人事物。」

誠然，現代人的專注力非常短暫。在與人交談中，若你把你的談話對象看得比體育比賽的最新戰況，或者是新簡訊的內容還來得重要，那就讓對方感受到你的重視吧！相信我，這樣一定會對你們的對話交流帶來絕對正面的影響。

引領對方敞開心扉

要走到他人面前，開門見山地說：「我現在心情鬱悶，可以跟你聊一下嗎？」並不容易。相反地，許多人會用諸如「我現在心情有夠鬱悶」或「唉，這個禮拜真的很不好過」等話語輾轉「暗示」他們想要傾吐一番。

又或者，你能從對方的肢體語言及散發的能量，察覺出對方似乎有點不太對勁。如果你當下狀態不錯且有心幫忙，你可以利用簡單的邀請問句，向對方表示你願意傾聽。例如：

- 你看起來不太開心，怎麼了？
- 你想談談嗎？

・發生什麼事了？

假如對方需要的是情感上的認可與支持，那麼像這般簡單、普通的問句，往往就能讓對方順勢開始傾訴。但要是你拋出了邀請，對方還是不願傾訴，千萬別追問打探。你已向對方表示願意傾聽，單單如此就代表一份美好心意。

用心觀察

在與人溝通時，我們不能（也不會）僅僅解讀對方所說的話。溝通專家指出，人與人之間的溝通，有高達百分之七十是透過肢體語言、語調等非語言訊息傳達。⑧

每個人都或多或少有過「心口不一」的經驗。腦袋裡那個微小的聲音，常常要我們扭曲自己的真實感受，以免煩擾或惹惱他人。因此，生活當中不乏這種情況：當你嘴上說「哎呀，我沒事」，內心卻不然。當朋友請你幫個忙，你一方面答應說「沒問題，交給我」，一方面又生氣這會害你上班遲到。當你的另一半把你剩下的蛋糕吃掉，你嘴上說「沒關係」，但在心底你真想掐死對方。

就因為人都有這種「心口不一」的傾向，若能留意對方說話時的表情、語調和肢體語言，那麼將有利於你們的溝通。你所看到的、感覺到的，與對方所說的話一致嗎？你的觀察是否讓你洞察出對方沒說出口的情緒感受？

有次我和一位友人共進晚餐，過程中她分享了自己坎坷童年的點點滴滴。她從頭到尾沒說一句「我的童年生活就是這麼糟」、「那段日子真的很苦」等感嘆話語，而只是盡可能面帶微笑地講述那些往事經歷。

儘管如此，她不必明說「我覺得自己被遺棄了」或「那讓我非常痛苦」，我從她的眼神就能領會。我試著感同身受她的遭遇，想像她曾面臨的艱苦。

「天哪，」我說，內心混雜著難過與敬佩：「那一定非常煎熬。」

「嗯，」她停頓了幾秒，承認道：「的確很煎熬。」

我們的對話很快就轉換到比較開心的話題，然而，用心領會她言語之外的訊息，與她建立情感的交集，讓我們的友誼變得更加穩固。

盡力與對方的能量狀態一致

想像一下，你剛在網路抽獎活動中，幸運抽中了郵輪雙人行（想像那是真的，並非詐騙）。你開心極了，忍不住跟辦公室裡的好友分享好消息。

「天啊，有夠神奇的啦！」你興奮驚呼：「我居然抽中了加勒比海免費郵輪之旅！」

「是哦？」朋友回應道，語氣不如你預想的熱切興奮。

「對呀，我不敢相信我真的中獎了！我從沒中獎過耶！」

你的朋友擠出一抹若有似無的微笑，表情明顯透露他並不是很在乎，說：

「哇，太厲害了，恭喜啦。」

有點自討沒趣，對吧？在此，對方回應了些什麼已經不重要——只要他是以一種不那麼熱切的態度回應，你就會有種熱臉貼冷屁股的感覺。即使他真心替你高興，但他沒有表現出與你一致的能量狀態（在此案例中的能量是興奮雀躍），也會讓你誤以為他根本不在乎。

這正好跟第三章所述的研究結果不謀而合。在該研究中，研究人員發現，消極支持性的反應（即平淡含蓄的支持），與積極破壞性的反應（即刻意貶損對方的想法或感受），兩者對關係的危害程度不相上下。

表現出與對方協調的能量狀態，是有效傳達認可的重要一環。假如某人很興奮，別吝於展露笑容，與對方一起感受雀躍。假如某人很難過，那麼表現出尊重的姿態，並且以更柔和的語氣、更具同理心的方式說話。這個道理對許多人來說再簡單不過，可是當你分心、壓力大或無暇他顧的時候，很容易就忽略了。若你配合對方的能量狀態，會讓人感覺你更專注聆聽，也更能體會對方的所言所感。

給予「微認可」

「微認可」是透過一句簡短回話，確認或肯定他人所表達情緒、意見等的合理性。這種即時且簡單的回話，能讓說話者知道你有在聽，你沒有妄加評斷，他們可以放心地繼續傾訴。這一點與「表現出一致的能量狀態」一樣，大部分的人都會自然而然地這麼做。

「微認可」的回應如下所示：

・真的假的!?

・嗯，確實。要是我也會很生氣。

・天哪，那肯定很令人挫敗。

・有道理。

・太讓人期待了！

・不會吧！

- 這點我有同感。
- 哇，那一定很痛。
- 我可以想像那樣真的會讓人很困惑吔。
- 恭喜！那種感覺一定超棒！

此處的目標是簡短回話，不要讓人覺得你是在打斷對話或試圖把談話焦點轉移到你自己身上。

雖然這些回話看來無關緊要，但在維持彼此對話的進行上，卻扮演了重要角色。想像你和某個人交談，而對方對你說的話沒有絲毫反應——那跟對著牆壁自言自語沒兩樣，而你想必不會講太久。

在交談過程中傳達微量的認可，能讓對方知道你很認真在聽，同時也能鼓勵對方繼續述說。另外，還可以促進安心與信任感——不管對方講述的是正面還是負面經歷，他們在一定程度上都算是對你敞開了心扉，因此給予「微認可」回應能讓他們放心傾訴。

別急著解決問題

當某人向你訴苦或抱怨時，除非對方主動徵求你的意見，否則別直接出謀獻策。同樣地，別急於提點他人事情好的一面，也不要安慰對方眼下處境已經有多麼幸運。**這些是一般人最常犯的錯誤**。我們曾在前一篇提過，以下這類語句，即使是出於好心善意，事實上都是否定（不認可）對方的感受。

- 你亂講。你明明看起來就很棒！
- 你現在應該要做的是……
- 別再管別人怎麼想了啦。
- 嘿，別再鑽牛角尖了！因為這件小事毀掉你一天心情實在不值得。
- 最後一定會順利解決的。

- 至少這不是最慘的情況。
- 不用擔心啦。總有一天你會遇到對的人。

沒有先認可對方的情緒感受，就自顧自地給出建議或保證，這樣等同於輕視對方所遭遇和感受到的一切。其言下之意有二，第一，你認為他們不應該有那些感覺；第二，你比他們更懂得如何解決那些難題。縱使你確實知道該怎麼解決問題，但此刻並不是提出解方的好時機。也許就你來看，真的沒必要為了某件事大動肝火或沮喪不已，但實際情況是，對方正處於那樣的情緒之中，並且渴望別人瞭解箇中原因。

上述情況，說來容易做來難，但是學會「別急著給予建議」這一招，將大幅增進人際關係中的信任與安全感。然而這並不是說，在交談過程中沒有回饋意見或建議的空間，只是眼下並非最佳時機。先同理聆聽，等到第三步驟再提供建議、意見或安慰，屆時你的話語將更有機會被對方「聽進去」。

步驟一摘要

全神貫注。如果你當下無法專注傾聽，告知對方並詢問能否稍後再談。等到你方便與對方交談的時候，記得先把筆電、電視等關掉，將注意力集中在眼前的談話。

引領對方敞開心扉。如果你察覺對方可能想要抒發或談論某事，但卻難以坦然主動談起，試著拋出簡單的邀請問句，像是：「你看起來不開心，怎麼了？」

善於觀察。人與人之間的溝通，有高達百分之七十是透過非語言訊息傳達。仔細注意對方說話時的語調和肢體語言，才能更貼近理解對方的心。

盡力與對方的能量狀態一致。當某人開心或興奮的時候，別吝於展露笑容，與對方一起感受雀躍。當某人難過或沮喪的時候，要表現出尊重的姿態，並且以更柔和的語氣、更具同理心的方式說話。

給予「微認可」。藉由簡短回話，像是「不會吧！」「真的假的？」或「嗯，我也這麼覺得」，讓對方更願意繼續分享。這麼做能讓對方感受到你有在聽、沒有妄下評斷，而且也設身處地從他們的角度看待事情。

別急著解決問題。把你的忠告、意見或安慰的話語，留待第三步驟再提出。在同理傾聽的階段，避免說出「至少……」「你應該要……」或「沒那回事」等這類話語。

[步驟 **2**]

認可情緒

步驟 2　認可情緒

溝通的關鍵之處，在於聽出對方沒說出口的話。

——彼得・杜拉克（Peter Drucker）

當談話告一段落，或是當對方講述完畢之後，就進入到第二步驟，給予更直接的認可。回想我們在第二章談到的，認可回應是指「肯定他人想法或情緒存在的正當性或價值」，而有效認可包含兩大要素：

1. 辨別出對方的**確切情緒**

2. **找到可以解釋該種情緒產生的理由**

如果你告訴對方「我知道你很擔心」，如此是向對方表示：你聽到了，而且能理解。這樣是傳達初步的認可。接著，如果你更進一步表示：你理解對方為什麼感到擔心，會讓認可的效果大大增加。例如：「我知道你很擔心。無法得知實際情況真的很難熬。」

參考以下其他例子：

- 說真的，我很替你開心！你為這次簡報投入那麼多心血，最後提案成功的感覺一定超棒的！

- 我可以理解你的挫敗感。要是我忙了半天處理一件事，結果發現從頭到尾搞錯方向，我會抓狂。
- 我能理解為什麼你會覺得困惑。上星期我確實是那樣說，但今天我的說法聽來跟上週不同，徹底變了個樣。
- 我懂為什麼那很傷人。在你人生中最開心的一刻，好友卻沒有現身支持，難免會讓人覺得他根本就不在乎。

關鍵要點：認可對方的情緒感受

老話一句，別急著解決問題

沒錯，這是重複步驟一的原則，此處仍然適用。我又再強調一遍是因為，直接給建議或做出保證，始終是每個人最難以克制的衝動。

就算彼此意見不同，還是能給予認可

雖然這也是舊話重提，但要記住——未必要贊同對方才能給予認可。如果你覺得對方的觀點有誤，不要假裝苟同，但也別立刻加以駁斥，你反而可以試著瞭

解對方為什麼會有那樣的感覺，進而認可那些情緒感受，設法從對方的角度看事情。事實上，如果你全然站在對方的立場思考，你很有可能也會有類似的情緒反應。

舉例來說，假設有位同事跟你抱怨他未能如願升遷。

「我不懂，」他說：「我明明比安德魯那傢伙更有資格升遷！我在這間公司待的時間幾乎是他的兩倍！」

聽到這番話，如果你也跟我一樣，你的直覺反應會是想立刻駁斥——他當真覺得年資久就理應得到升遷？哦，根本倚老賣老！但先讓我們稍微停下來，置身他的處境想想。

換成是你，面對這樣的情況你會有何感受？感到挫折？不解？氣憤？沒面子？或許以上皆有。原以為這次升遷會輪到自己，沒想到公司後輩居然爬得比你還快，那想必會令人感到茫然和失望。所以說，即使你不認為這位同事夠資格升遷，但你至少可以理解他為何會有那樣的感覺。在此步驟中，**你需要暫時拋開你的既定看法和評斷，把重點放在認可對方的情緒感受**。就這一情境來說，這麼做將減少發生爭論的可能性，此外也能提高對方在你分享你的觀點時（參見步驟三）聆聽的意願。

你不必附和表示他應該被升遷才對，而是能透過以下這樣的表達給予對方認可：「我能理解為什麼你會感到不滿。你比公司其他人都資深，結果卻是別人獲得升遷，那種感覺一定很難受。」

不確定對方的感受為何？直接問

如果你猜不透對方的感受（也許他們習慣掩藏或淡化自身情緒），開口詢問吧！然而，這需要一點技巧，免得聽來像是心理師問診（例如很制式的「對這件事，你的感覺是什麼？」一）下列兩種方法可以幫助你辨識他人的情緒，卻不會聽來像是要分析別人的心理狀態。

選項一：閒談法

這種做法屬於單刀直入地問對方的感受，不過，是以一種輕鬆、不拘謹、不會給人壓迫感的方式詢問。你只要略微調整語氣，就不會表現得像是在審訊提問似的：

- 原來如此喔……那你怎麼看這整件事？

・唉，那讓你有什麼感覺啊？

這個「閒談法」，真的既簡單又有效。

選項二：猜測提問法

與閒談法比較起來，這種作法相對沒那麼直接，乃是以問句的形式，拋出一些你認為對方可能會有的情緒感受：

・那你覺得沮喪嗎？還是覺得困惑？生氣？

・那麼，你一定很期待囉？還是其實很緊張？或者都有？

猜測提問法具有兩點好處：第一，能向對方傳達你有認真聆聽、而且也試著與他們建立情感交集。第二，有助於幫助對方辨識出他自身的情緒，進而讓你得以認可那些情緒與感受。使用猜測提問法可能呈現的對話情境如下：

你：那你覺得沮喪嗎？還是覺得困惑？生氣？

友人：嗯，我覺得很沮喪，因為不管我說什麼，他們好像都不把我當一回事。

你：我理解你的心情。換成是我，一定會非常受不了。

要是你的猜測有誤，對方大多會指正說明。

你：那你覺得沮喪嗎？還是覺得困惑？生氣？

友人：都不是耶。坦白說，我其實一點都不介意。我只是有種被背叛的感覺，她之前口口聲聲跟我說她絕不會那樣做。

你：嗯，有道理。要是我也會有同樣的感受。

如果你深有同感，讓對方知道

如果對方（在步驟一的時候）向你傾訴的內容讓你心有戚戚焉，那麼步驟二就是告知對方的好時機。若拿捏得宜，可以強化認可效果，大大增進彼此之間的信任與連結感。

小提醒：若對方傾訴強烈的負面情感或不幸遭遇，你要避免說出「我完全懂你的感受」，儘管你覺得你真懂也是如此。你可以換個說法，像是「我也曾有過類似感受」或「我可以體會那種感覺」。

聲稱自己「完全」懂得，通常會讓人瞬間產生防備感。不信的話，下次有人對你講這句話時，不妨留意一下你有什麼感覺。即便說話者是出於好意，但聽在當事人耳裡，卻意外具有一種「被否定」的感覺。

事實上，沒有誰可以絲毫不差地、完全懂得他人的感受。每個人的思維與情感是由林林總總、數不清的生活經歷形塑而成，以至於雙方幾乎不可能有完全一模一樣的想法或反應。因此，如果你能體會對方的感受，只要避免使用「完全」

這類字眼，就能更有效傳達認可。這只是一個小小的改變，但面對情緒高漲的情境，小改變就有大不同。

數年前，一位處於失戀困境的友人找我傾訴。他話語中流露的心痛和沮喪，不由得讓我覺得似曾相識，我想起了自己上一段戀情結束的時候。我繼續聆聽著，愈加發現我對他的許多話都能感同身受。等到他講完之後，我回應了以下這段話：

「兄弟，我為你的遭遇感到難過，失戀真的很難熬。我其實能體會你的感受，我跟莎拉分手時也經歷過很類似的心情。那時候每次碰見她，我就感覺心底破了洞般，一心只想復合來修補缺憾。分手後的那幾個禮拜糟透了⋯⋯那種彷彿一切又回到原點的感覺讓人很難接受，對不對？」

分享我的親身經驗之所以能傳達認可，是因為我嚐過的失戀滋味和這位友人的感受非常相似。但請注意，我是如何快速講述我的心路歷程，**接著就藉由反問，把焦點轉回到對方身上。這一點在分享自身經驗時非常重要！**要是我只以「分手後的那幾個禮拜糟透了」這句話作結，那麼我是將焦點停留在自己身上，如此會使對方很難繼續傾訴。

如果要透過個人經驗向對方傳達認可，切記：精簡敘述你的個人經驗、把重點擺在你深有同感的情緒感受，然後就把焦點轉回到對方身上。

如果你無法體會，也讓對方知道

雖然有過類似經歷，確實有助於對他人感同身受，但沒有也無妨。不管你信不信，「承認自己無法體會」也是有效傳達認可的一種表現。為什麼呢？因為這展現出你對他人及其處境的尊重與重視。它恰恰與「我完全懂你的感受」相反，不過更具有肯定效果。

在這種認可方式中，你必須承認對方當下所表露的情緒，並且想想遭受同樣處境的話你會有什麼感覺。

舉例來說，雖然你可能從沒經歷過自己的孩子過世，但你想必至少在一定程度上，可以想像到痛失孩子伴隨而來的，會是無比沉重的絕望、思念、懊悔、氣憤和恐懼。你可以向對方傳達理解，並以諸如此類的回應表示尊重：

- 老實講，我不知道該說什麼才好。我只能想像那會有多麼痛苦。
- 我的天啊！我很惋惜。我簡直無法想像你內心遭受的巨大折磨。

這就是我在本書序言所述情境中的應對方式。我的約會對象當時正陷入父母離婚的陰霾——而父母離婚是我沒有親身經歷過的事情。因此，我沒有假裝懂得她所遭受的一切，而是承認我無法全然體會。當她發覺我能夠尊重她的立場與情緒感受，而不是擅自給建議，她很快就卸下了心防，也讓彼此有更深刻的情感交流。

這種認可方法非常有效。這麼做不僅傳達出你肯定對方情緒感受的合理性，而且也表現出尊重，因為你沒有輕視對方所遭遇事情的重要性。承認自己不完全懂得對方的感受，能讓對方更願意向你傾訴。他們會漸漸發現，他們可以在你面前展露脆弱，不會面臨批判，也不會被迫要解決問題。

實話實說

有時候，你會碰到朋友或家人因為做了錯誤決定、表現失常或遇到其他不順的事情，而帶著困窘、懊悔、沮喪等心情來找你。在這種情況下，有時我們為了避免讓對方感覺更糟，常會說點「反話」，以致常常出現這種情況：你告訴對方「你表現得很好啦！」但實際情況並非如此；你回應對方「我覺得結果很成功啊！」但其實你並不覺得；你跟對方說「那傢伙根本就是胡扯！」可你明知那人說的話確實有幾分道理。

迴避或美化事實的問題在於，對方對於實情多半心知肚明，因此聽得出來你並沒有說實話。再說，他們之所以向你傾訴是想得到情感上的認可，而不是要你幫忙掩藏負面情緒。

其實遇到這樣的情況，最好的應對方式是承認事實、承認對方所處的困境。

你可以婉轉以對，但沒必要說謊。試想以下例子：十七歲的高中生特倫，在州際盃足球冠軍賽事中打得很糟。

特倫是優秀的球員，每次出賽幾乎都能踢進好幾球。然而在這場比賽中，他卻被敵方的球員擾亂了陣腳。他第一次射門時，起腳滑跤，完全踢了個空。對手陣營爆出一陣訕笑、起鬨、譏諷，使得他有好一會兒都難以平復。之後他一再嘗試射門，但每次都無法順利進球，而且傳球失誤的次數也比平常高出許多。於是他的教練暫時將他換下場，好讓他恢復鎮定；但他坐在候補板凳上，對自己糟糕表現的挫敗感，反而讓心情愈來愈沉重。他的球隊最後輸了這場比賽。特倫黯然走出球場，覺得都是自己害球隊輸球。

他走向坐在場邊的父親，目光低垂，搖搖頭說：「我害球隊輸掉了冠軍寶座。」

要是你會怎麼回應呢？若你和大多數人一樣，你會立刻以善意的話語反駁：

「才不是你害的咧！你表現得很好了！」

然而，這種回應存在兩個問題。第一，這是否定陳述。你發現了嗎？馬上回以「才不是你害的」無異是漠視他剛才所表達的情緒，而不是給他空間感受那些情緒。

第二，他並沒有表現得很好，而這一點他心裡有數。所以，無論說話者有多麼好心善意，他很可能完全聽不進任何與事實相反的話。回過頭來想想，輸掉那場比賽是他一個人的錯嗎？不是。他在球場上表現賣力嗎？無庸置疑。但他表現得很好嗎？確實不太理想，但那也沒什麼大不了。每個人都有狀態不佳的時候。如果我們試圖推翻或扭轉他的情緒，反而會使他更加確信犯錯和沮喪是不被允許的。

在這個案例中，較能傳達認可的回應方式如下：

父親：我很遺憾，兒子。這場比賽真的是一場硬仗。

特倫：我居然一球都沒踢進！

父親：今晚的比賽你確實沒有處於最佳狀態，但有時候這也是沒辦法的事。換作是我也會很沮喪。只不過我希望你能明白，輸球不全是你的錯。

特倫：嗯，我知道，但我萬萬沒想到我會這麼沉不住氣。

父親：什麼意思？

特倫：我讓對手球員擾亂了我的陣腳！

父親：怎麼回事？

特倫：都怪那該死的第一次射門。對方陣營在整場比賽中，一直不肯罷休地糗我，而我很難不去在意！我覺得被羞辱了。

父親：太糟糕了……那肯定很令人難堪。而且甩不掉那些酸言酸語，一定很煩。

注意看看這位爸爸是如何做到承認兒子表現不佳，同時間也展現出同理心。他的回應與兒子的心聲（即「我踢得很差，這場比賽爛透了」）一致，如此能讓兒子感覺到被聽見、被懂得。相對地，父親也藉此更瞭解兒子為什麼表現失常，並且承認在其他球員面前這樣出糗，確實會讓人難以釋懷。

在傳達認可的過程中保持誠實與真誠，不僅能提高認可的有效性，亦能增加彼此關係中的信任感。假如你的朋友老是對你說「你表現得真棒」，就連你明顯表現不好也是如此，那你遲早會把他的稱讚當作客套話聽聽就好。即使他真心覺得你表現得很好，你也會心想：「哦，這是他的口頭禪吧。」

相反地，如果這位朋友在你表現得不怎麼樣的時候，敢於如實應對，那麼從他口中說出的讚美就會更有分量。你會確信他是出於真誠，如此也使得讚美聽來更窩心。

在表示認可的過程中把話說得誠實而又婉轉，是一件說來容易做來難的事，但卻值得你力行追求，最終也會使你得到收穫。

步驟二摘要

認可對方的情緒感受。當談話告一段落、或是當對方講述完畢之後，就可以進一步給予更充分的認可。最好的方式是做到以下兩點：第一，瞭解並接納對方所表達的情緒。第二，為這些情緒的產生提供正當理由。

就算彼此有歧見，還是能給予認可。在人際溝通中，向意見不同的人表示認可不僅可行，而且有好處。先向對方傳達理解，可以大幅提高他們傾聽不同看法或建議的意願。一旦對方感覺到「你懂，你有在聽」也就更有可能打開耳朵、傾聽你的觀點。

不確定對方的感受為何?直接問。藉由簡單的提問,像是「你對這整件事的感覺如何?」或「我想你應該很難過吧?」往往就能讓你有更明確的認可方向。

如果你深有同感,不妨讓對方知道。用諸如「我可以體會」或「我有過類似經歷」等說法來取代「我完全懂你的感受」。在講述完自身經驗後,切記要把焦點轉回到對方身上。

如果你無法體會,讓對方知道。承認自己無法完全感同身受對方的遭遇,是能讓對方感覺受到尊重的做法。

實話實說。不要為了緩解他人的負面情緒而撒謊。相反地,先承認事實、認可對方的情緒感受,等到下一步驟(步驟三)再給予安慰和鼓勵。

[步驟 3]

在適當情況下，給予建議或鼓勵

步驟3 在適當情況下，給予建議或鼓勵

真理必須以愛傳達，否則不管是訊息還是傳信者，都將被拒於門外。

——甘地（Mahatma Gandhi）

你傾聽完對方的訴說，又理解並接納對方的情緒和想法後，你就可以在適當情況下提供建議、回饋意見或鼓勵。

我所謂「適當」情況是什麼意思呢？意思是，並非所有情況都有回饋的必要。事實上，你遇到到大多數的日常傾訴，都沒有給予回饋的必要。因此，在你有機

會開口給對方建議的時候，務必要先確定對方是否願意聽你的建議。

對方沒問你的意見，你就別給

一般人很容易落入的誤區，就是以為對方既然找我訴苦，那他想必是想聽聽我的意見。然而，就如我們在前面的章節所述，事實往往並非如此。因此，若是貿然給出建議，可能會使對方關上心門、被激怒或更加防備。

回想你有沒有這樣的經驗：你只是需要有個人聽你好好傾訴，對方卻開始指點你該怎麼做。嗯，大部分人都有過這種談話經歷。為了防止自己犯類似的冒失行為，不妨利用下列兩種方式，確認他人是否願意聽取回饋意見。

方法一：詢問對方希望你怎麼做

當某人向你訴說了負面的情緒或經歷，但是並沒有要求幫助，你可以試問：

- 我能怎麼幫你嗎？
- 有什麼我可以為你做的嗎？

對方多半會想聽聽你的想法。但你會發現，他們真正需要的只是你的聆聽、理解與接納。他們可能會說：「你光是願意聽我說這些，就對我幫助很大了。」或者是：「你知道嗎？我覺得我想通了……謝謝你讓我的情緒得到宣洩的出口。」很奇妙的是，當對方感覺到自己的情緒和想法被聽見、被認可之後，很快就能看清自身問題的盲點。

方法二：詢問對方可否讓你分享想法

如果你想說出自己的想法，又不想等對方開口要求，你可以嘗試用諸如以下的問句切入：

- 對於這件事我有一些想法。我可以跟你分享嗎？
- 你想聽聽我的看法嗎？
- 我可以說說我是怎麼解讀這件事嗎？

• 我能分享一點我的個人淺見嗎？

在分享個人意見之前，先徵得對方的同意，是對說話者及其情緒感受，還有對他們本身具有的智慧和能力表示尊重。詢問之後，如果對方同意你給出回饋，即使你所說的話不中聽，他們也會更願意虛心聆聽。

相反地，倘若對方拒絕，那麼尊重對方的意願，把建議話語留待改日有機會再說。

例外情況

不管面對什麼情況，預設的作法應該是「先徵得同意再給意見」。但在某些情況下，主動給予意見並無不妥。以下兩種情況就是常見的例外，不過絕非僅限於此。秉持「徵求同意」這一大原則，但也需要因事制宜。

例外一：教導孩子的時候……

無論孩子想不想得到父母的回饋意見，父母都有保護、撫育與教養子女的責任。雖然在提出忠告之前，先傾聽及認可孩子的想法和情緒還是很重要，但是你並不需要先徵得四歲女兒的同意再告誡她不要伸手碰觸爐火。同樣地，如果你的青春期孩子闖禍惹事，無論他們是否向你求教，你都有責任提醒他們注意自己的行為。

這並不是說你不能徵詢孩子的同意。即使是對年幼的孩童，在你講述你的想法之前先徵詢同意，使他們有機會自願請求幫助，如此也往往能讓孩子更願意把你的話「聽進去」。假如孩子拒絕，你還是可以選擇說出你的想法及建議。

但當你要給成年子女（即十八歲以上、已婚或已獨立生活的孩子）建議的時候，最好能先徵詢同意。這麼做是表現出尊重與信任，而且也有助於營造健康的親子關係。

例外二：當不滿或憤怒是針對你的時候……

第二種例外情況，就是當對方生你的氣或是指責你的時候。在這種情況下，無論對方是否要求你說明，你可能都需要把狀況、你的本意或立場解釋清楚。

即使在這種劍拔弩張的局面中，你還是可以利用步驟一、步驟二的方法（同理傾聽及認可情緒）向對方傳達理解與接納。就算你不贊同對方所說的話，但若能讓對方感覺到被聽見、被理解，將有助於緩和談話中的緊繃氣氛，而且也能讓對方更願意聽聽你的說法。先徵詢對方的同意再述說自己的觀點，這也是個明智之舉。例如「我跟你的看法不同。能不能允許我解釋一下？」如果對方拒絕，你還是能決定把話講明白。由於這種情況在應對上較為棘手，所以讓我們來看個例子。

假設你在上班時，另一個部門的同事一臉不悅地來找你。不久前，你的團隊被指派協助製作這位同事與客戶開會的一些資料，而為了趕在極短的期限內完成，大家都拼命趕工。但就在前一天晚上，副總（這位同事的主管）直接聯絡你，告知由於客戶改動行程，所以你的團隊可以多一個星期的時間準備。然而，這位同事並不知情，他還在等著收到那些開會資料。

同事：「我交代過你昨天就要給我那份簡報，但我到現在都還沒收到！我不是已經講得很清楚了嘛，這場會議對於維持公司業務非常重要！你們沒能準時給我資料，我是要怎麼報告！」

哇，有沒有搞錯！為了完成這份簡報，你的整個團隊把自己的工作項目都擱置了；但今天是他的主管告知你們延期，所以簡報才沒有如期交出。此時，除非你有遇到任何情況都泰然處之的超凡能力，否則你可能已經火冒三丈，等不及要指正對方的指控。

雖然重砲反擊、讓這位同事有所收斂，當下感覺也許會很痛快，但這麼做，對你的職場人際關係沒有任何好處。如果你反其道而行，執行認可步驟一到三（儘管你可能非常不情願），就更有可能以正面的方式化解眼前局面。

在這個例子中，主要的問題在於這位同事與他的主管之間溝通不足，所以愈快把這一點澄清愈好。步驟一（同理傾聽）在這個情境，並不代表你只能靜靜坐在一旁，聽他滔滔數落你有多麼不稱職，而是可以簡單提問：

你：「你知道你的主管昨晚打給我，告知我們可以延到下周再給資料嗎？」

與其用指責或人身攻擊反駁對方，提問反而是能讓他瞭解到自己有所不知，同時也是讓你保持冷靜的好方法。除此之外，透過提問也能檢驗你本身的臆測，確保你沒有妄下結論。

同事：「蛤？我不知道……他怎麼說？」

你：「他說客戶臨時變更計劃，會議改成下個星期舉行。所以他跟我說，下周二再給你這份簡報就好。」

這時候，這位同事很可能感到非常尷尬。你可以運用步驟二（認可情緒）向對方表示你能理解他一開始的不滿情緒，然後就直接進入到步驟三（給予回饋），明確表達你的憤怒或不滿。

特別澄清：我沒有說你要合理化他的暴怒情緒，或者是默默吞下他對你的指責。雖然考慮到他有所不知，致使他有如此反應是情有可原，但還是很失禮。因此，你完全有權利為你自己、為你的團隊辯護，也不需要先開口徵詢他的同意。可能的對話如下：

同事：「哦……這樣啊。我很抱歉，我並不知道。」

你：「假如你以為我們完全忽略繳交期限，那我能理解為什麼你會覺得不爽。還有，我想說，我們整個團隊為你拼命趕工，而你沒搞清楚狀況，就氣呼呼地衝進來開罵，我實在沒辦法認同這樣的做法。下次，在你要指責我或團隊其他成員怠忽職守之前，拜託先確認你掌握了所有的訊息。」

注意看看你能如何傾聽、認可對方的情緒，並用短短幾句話傳達你的想法。這番回話是向對方表示理解後，就直接回饋意見，略過徵求對方的同意。當對方的不滿或憤怒是針對你的時候，即時且清楚地闡明你的立場乃是妥當之舉，甚至是必要之事。

關鍵要點：給予回饋

當你準備要給意見、建議或安慰時，運用以下原則會更有效。

用肯定語句開頭

分享觀點或是提出建議，不妨以肯定陳述做為引導句。

・我完全明白為什麼你會那樣覺得。我的看法是……

・我光是聽你說，就覺得生氣！你有考慮和他談談嗎？

如果對方變得防備，回到步驟一、步驟二認可情緒。如果對方已同意你分享想法，但你看得出來他們其實不太願意聽，那就到步驟二為止，並且讓對方知道你隨時都願意傾聽（當然，前提是你真的願意。如果你不願意，也可以單純給予祝福就好）。

慎用「但是」

謹慎使用「但是」這個詞不僅能讓回饋意見更有效傳達，還能大幅改善日常對話的品質。在一段話中，「但是」接續的後語，實際上是完全否定前言；而當你向對方表示認可的時候，說出這一類的否定詞彙可能會瞬間讓你前功盡棄。

舉例來說，假設你剪了頭髮，友人走到你身邊說：

「我很喜歡你的新髮型耶。但是……」

你不確定她接下來會說什麼，但想必是負面的評語。她說她喜歡，「但是」……此時你可能已經把前一句讚美拋在腦後，轉而專注她的下一句話。

現在，假設她是這麼說：

「我很喜歡你的新髮型耶。而且……」

而且什麼呢？雖然你還是無法捉摸她接下來會說什麼，但你確知，她喜歡你的新髮型。她可以暢所欲言，都無損她「很喜歡你的新髮型」這一事實。

她甚至可以說：「……而且我也更喜歡你之前的造型。」這大概不是你樂於聽到的話，儘管如此，聽來比較容易入耳。你可能會告訴自己：「雖然她比較喜歡我之前的樣子，但我還是很高興她也喜歡我的新髮型。」（雖說你的快樂並非取決於別人對你的看法，不過那又是另外一個話題了）。

當我們表示：「我能理解你的沮喪，但是我覺得他不是有意要傷害你。」如此說法削弱了前半段話（肯定話語）的影響力，使得對方只聽進那句「他不是有意要傷害你」。

試著把「但是」替換成「而且」，你會驚訝地發現，原來你可以坦誠說出自己想法，同時也能維持彼此談話中的信任與安全感。

用「我」代替「你」

許多人在給出負面意見回饋時，常犯的一個錯誤就是劈頭就用「你」為主語的句子表達。比方說：

・你錯了。
・你難辭其咎。
・你不像別人那樣勤奮。

這樣的陳述方式用在肯定或稱讚（例如「你講得沒錯」、「你做得真棒」等等）通常不成問題，但用在不討喜的意見回饋時，就可能讓人感覺既挑釁又傷人。注意看看，若把上述的意見改用「我」為開頭，聽來更容易讓人接受：

・我不這麼認為。

• 我覺得責任可能其實在於你。

• 我感覺你似乎不像別人那樣勤奮。

「我」為開頭的句式，強調你在述說你的觀點，可避免回饋意見聽來像是興師問罪。這一簡單的調整能夠緩和負面意見帶來的衝擊，減少訊息接收者因此心生防備的可能性。

假如你跟你的同事說：「你昨天很白目。」那你接下來很可能會與對方起爭執。畢竟，什麼樣的行為被認定是「白目」是見仁見智。

然而，如果你改說：「我覺得你昨天似乎很白目。」或者這樣表示更好：「當你昨天當著大家的面指出我的錯誤，我感到很難堪。」如此是將訊息緊扣你的想法和感受。你是在講述他的所言所行對你造成什麼影響，而不是指控他是一個惡毒、不留情面的人。

用「我」開頭的第一人稱句式，可以用溫和或直接的方式表達。無論談話對象是你的另一半或是公司下屬，這種句式都能更有效傳達你的回饋。其他例子包括：

- 我覺得你好像沒有在聽我說話。
- 我聽到你那樣說，我覺得很不受重視。
- 我不覺得那是明智之舉。
- 我發現你很常這樣做。

避免使用絕對性的字眼

所謂絕對性的字眼，是諸如「每次」、「永遠」、「從不」、「一直」等措詞。如果你的回饋意見是對於他人某種習慣或傾向的觀察，那你不免會脫口而出「你每次都這樣！」或「你從不那樣！」

撇開這些陳述句是以「你」而不是「我」開頭不說，使用絕對性的字眼容易引起反感。試想，儘管某人真的很少表現出認真聽別人說話的樣子，但事實上，他不太可能從不這麼做——當醫生在說明他的健檢報告，或是朋友推薦他必看哪部電影的時候，他勢必會豎耳聆聽。同樣的道理，斷言對方「永遠」狗改不了吃屎就是一句謬誤陳述。

這一類的意見回饋可以透過上列說到的、以第一人稱「我」開頭的句式委婉表達。「我覺得你好像每次都這樣」如此說法就不再具有控訴意味——你只是在述說你的個人感知，而你的感知也許正確，也許不正確。

若你不打算用第一人稱陳述，那麼可以用非極端的措詞取代絕對性的字眼。例如，「你每次都這樣」可以替換為「你常常這樣」。「你從來不自己洗碗」可以改成「你很少自己洗碗」。注意看看，這些簡單的改變是怎樣讓聽來無所轉圜、刺耳的回饋訊息立即軟化。

如果剔除絕對性的字眼，並且用第一人稱「我」陳述，你的回饋意見就會變得更容易讓人接受：「我發現你很常這樣做。」（基於你的觀察，屬於較直接的表達）或是「我覺得你好像很常這樣做。」（基於你的感受，屬於較委婉的表達）

承認疏忽

有時候，你會忘了先徵詢對方同意就直接給出建議。這在所難免。但既然你已經瞭解到徵詢同意的重要性，也就更有可能在當下發覺自己的疏忽。當你發覺之後，承認疏忽將能帶來正面幫助，甚至具有肯定效果。

比方說，你可以在講完話之後，接著表示：「抱歉，我現在才意識到你並沒有要我給意見。」由於人們太常被迫接收不請自來的意見回饋，因此光是這個簡單表示尊重的舉動，就可能讓對方消除敵意。而且，對方很有可能最終還是會詢問你的意見，也讓你得以在得到允許的情況下繼續分享。

步驟三摘要

給予回饋或建議並非必須。或許對方與你分享了開心或自豪的感受，也或許對此你沒有什麼建議。給予理解與肯定本身就是一種療癒。記住，並非所有的情況都有必要或都適合給建議。

避免不請自來的意見回饋。某人找你訴苦，並不代表他就是想要聽聽你的意見。你可以透過以下任一方式確定對方是否願意接受回饋：詢問對方希望你怎麼做（例如「我能怎麼幫你嗎？」）或者是，詢問對方可否允許你提出建議（例如「對於這件事我有一些想法。我可以跟你分享嗎？」）

給予回饋意見時，用肯定語句開頭。雖然你已在上一個步驟（步驟二）向對方傳達理解與肯定，但在此以肯定語句做為回饋意見的開頭，是再次表示你聽懂對方所言，而且也設身處地瞭解對方的感受。

用「而且／然後」代替「但是」。這麼做能讓你避免在無意間削弱了你做出的認可回應。

用「我」代替「你」。以第一人稱「我」為開頭的句式，強調你所述說的是你的觀點或意見，如此也能減少訊息接收者因此心生防備的可能性。

避免使用絕對性的字眼。給出負面意見回饋時，把「每次」和「從不」等絕對性的字眼，替換成更溫和（而且也更準確）的語詞，像是「常常」或「很少」。若要使用絕對性的字眼，以「我認為」、「我覺得」等陳述方式來代替「你」開頭的句子。

[步驟 4]

再次表示認可

步驟4　再次表示認可

別吝於鼓勵。鼓勵的話語就像陽光，溫暖人心；鼓勵不費分文，卻能豐裕生命。

——尼基・甘力克（Nicky Gumbel）

我知道，用一整個步驟來進行「再次表示認可」，好像有點超過，但「再次認可」這個重複表現很重要，它的順序（出現在第四個步驟）也很重要。不管對方分享的是正面或負面經歷，最後以肯定話語結束談話是個好習慣。這樣等於是提醒對方，無論在交談的過程講了什麼，你依然能夠懂得並理解他們所表達的想法及感受。

不妨回想前面章節提到心理學家高曼做的研究——對方最初希望得到的不外乎就是情感上的認可。你利用片刻時間再次向對方表示認可，能夠大大增強對方的正面感受。另外，如果你在步驟三給出回饋，或是不太中聽的建議，「再次表示認可」就顯得格外重要。

再次認可情緒

來到第四步驟，代表你已經完成了傾聽、認可對方的情緒和想法，並且也在適當情況下給予回饋、保證或鼓勵。至此，彼此對於困境解方的討論，或是對正面事件的欣喜慶賀，都已經結束了，談話也將逐漸步入尾聲。而以步驟四結束談話的做法，即是簡單重複之前的認可訊息。可能的表述如下：

- 唉，這實在是很棘手難解。但儘管如此，聽起來你已經計劃好該怎麼做了。祝你一切都順利！
- 嗯，不管你相不相信，我其實很佩服你處理事情的方式。那種情況真的會讓人不知所措。
- 我想再一次表示我最深切的哀悼。我知道你正在經歷一段非常難熬的日子，但請記住，我會陪你一起度過。
- 嘖嘖……高中生活好辛苦！我相信你可以挺過難關。

- 嘿，再次的恭喜！我真的很為你高興。
- 我不得不再一次讚嘆，你真的太厲害了！你完全有理由感到自豪！

這些簡單言語讓談話以一種振奮又不失尊重的氣氛收尾，即使在困難情境也是如此。因此，「再次表示認可」是使整個認可過程更加圓滿的好方法。

認可脆弱感

雖然一般來說步驟四就是簡單重複前面的認可訊息，但在某些情況中，認可對方的脆弱感也能帶來正面影響。

當對方向你傾訴自身感受或情緒的時候，他是卸下了心防，分享情感的脆弱面——此時他往往抱著些許不安表露內心，希望你能夠尊重和理解。展現脆弱是發展穩固和健康關係的關鍵一環，因為脆弱讓我們得以穿透表面、讓彼此在更真實且私密的層面建立連結。

當對方坦述個人困境、表達內心深處的擔憂，甚或只是承認自己對生活某些方面的不確定感，他們實際上是呈現自己不完美的一面，以求得到情感上的支持。在職場上，向主管提出顧慮、開口要求得到升遷機會，或是跟同事把話挑明，都是冒著很大的情感風險，將自己暴露在可能會招致負面反應的情境之中；而這絕不是一件容易的事。

因此，如果對方向你敞開了心扉，步驟四就是表達謝意與肯定的好時機。下列是認可脆弱的例句：

- 要談論這麼沉重的話題並不容易。我很敬佩你敢於提起這件事的勇氣，也很謝謝你跟我講你的想法。
- 我真的很謝謝你對我說心事。這對我來說意義重大。
- 你來找我談這件事，想必經過了一番掙扎。我非常重視你，所以，真心謝謝你對我坦誠。
- 謝謝你跟我說這些。我相信要開口提這件事並不容易，畢竟你不確定我聽了會作何反應。

肯定對方願意向你坦誠訴說，如此等於是向對方表示：即使他們內心可能懷抱不安，但他們可以信賴你、可以對你講真話，不用擔心被批判或被炒魷魚。這可以增加彼此關係中的信任與安全感，進而為雙方的相處帶來正面影響。

不過在此需要注意的是，認可脆弱通常只適用於那種「願意真實呈現自己、知道自己暴露了弱點」的談話。假設朋友跟你說她剛剛安排了兩周的假期，而你回應「我真的很謝謝妳對我敞開心扉」，那就會讓人覺得有點莫名其妙。如果你將心比心，你就會知道認可脆弱適用在哪些情境。

步驟四摘要

再次認可情緒。無論你是否在步驟三提出了建議，都不妨在談話的最後再一次傳達認可。這麼做是再次向對方表示，你聽懂並且理解他們的所言所感，而且也能夠以一種正面、鼓舞人心的方式結束對話。

認可脆弱感。分享個人的經歷、想法、感受或情緒可能是件困難、不自在甚至令人生畏的事。因此，如果對方向你坦誠傾訴，你可以表示謝意，並且告訴對方你理解這麼做並不容易。

第三篇

綜合應用

[綜合應用]

現實情境

現實情境

透過規則、教誨去學習，則學習之路迢遙；以實例為徑，又快又有效。

——塞內卡（Seneca）

前面章節提到了認可四步驟，以及每一個步驟相應的要點，看起來要記住的東西似乎很多。其實在現實情境的應用中，你只需要不到一分鐘的時間，就可以將所有內容從頭回想一遍。另外要特別說明的是，認可四步驟並非一門完美科學，因此也不是非得要在每次談話都遵循整套程序不可。

在某些情境中，執行步驟一、步驟二（同理傾聽和認可情緒）可能就足夠了；而在另些情境中，你也許要將整套步驟來回進行好幾遍。每一種情況都不盡相同，但在現場你應該能夠體會到該怎樣才會感覺自然和真誠，而且經由練習，你會發現「認可」逐漸成為了一種習慣。

在本章節中，我們將探究各種現實生活的情境，藉此瞭解有效認可的實際運用。我對「認可」的領悟有很大一部分是來自於聆聽他人的經驗再從中學習。雖然沒有什麼可以取代你自己的親身體驗，但研讀各種不同的實例會有很大的幫助。

小提醒

前面說過，同理心與真誠是達成有效認可的關鍵要素。傳達真誠（sincerity）並不是透過我們說話的內容（what），而是我們說話的方式（how）。如果我們說出的肯定話語缺乏同理心與誠意，彼此之間也就無法建立真正的連結。

可惜的是，要在書中傳達同理心與真誠相當困難（雖然也不是說完全不可能）。正因如此，當你在閱讀下面例子的對話時，需要發揮一點想像力。例子中使用的語言和措詞，也許和你平常說話的習慣不同，但試著別太執著於用語細節；相反地，多留意我們所討論過的要點，仔細看看它們是如何運用在這些範例當中，以及你自己可以如何使用這些要點。等到你將四步驟付諸應用時，你就會自然而然地使用出對你來說感覺最真誠、也最自然的用字遣詞。

為了有助於辨識出四個步驟及關鍵要點的使用所在，每一則情境實例都包含如下表所列的標示。

現實情境之四步驟標示

傾聽（L）
= Listening

微認可（MV）
= Micro Validation

認可（V）
= Validation

徵求同意給予意見回饋（AP）
= Asking Permission to Give Feedback

給予回饋意見（GF）
= Giving Feedback

再次表示認可（VA）
= Validating Again

認可對方的脆弱感（VV）
= Validating Vulnerability

[現實情境 1]

與同事看法不同

現實情境一：與同事看法不同

崔佛正在向雅各抱怨某位同事。雅各瞭解事情的始末之後，並不認同崔佛對真實情況的看法。

崔佛：我實在是很看不慣史提夫那傢伙！他只會拍莉莎（主管）的馬屁，不擇手段往上爬。拜託，我待在這間公司的時間是他的兩倍耶！這次應該得到升遷的人是我，不是他。

雅各：啊，我很遺憾，崔佛。這一定感覺超挫敗。（傾聽L、認可V）

崔佛：我不懂，我明明比他更資深，經驗比他更豐富！

雅各：唉，真的很無奈。你有問過莉莎為什麼決定升他，而不是升你嗎？（微認可MV、傾聽L）

崔佛：沒有。但我敢說，問了她也只會答覆「他比較適合這份職務」之類的籠統說法。

雅各：真的假的？你覺得她不會誠實告訴你？（傾聽L）

崔佛：不可能啦。反正我覺得她就是不太喜歡我。

雅各：是喔？那確實會讓人覺得很無力。你想聽聽看我的看法嗎？（徵認可MV、徵求同意給予意見回饋AP）

崔佛：好啊。

雅各：首先我必須說，如果我跟你一樣在公司待了這麼長的時間，卻沒被列為升遷的優先人選，那我肯定會很受挫、很不解，也可能會對公司失望透頂。那種滋味很不好受。而且我也不得不說，我其實很佩服史提夫的工作表現。他從進公司以來就貢獻良多，陸續開拓了兩百多個新客戶，並且和他共事也很愉快。（認可V、給予回饋意見GF）

崔佛：我也跟他一樣很努力啊，甚至還比他更努力咧！

雅各：你的確很努力工作，這點無庸置疑。所以如果沒問莉莎，很難得知為什麼是史提夫、而不是你得到升遷。（微認可MV）

崔佛：嗯，我會在下次開會的時候問她。

雅各：太好了。嘿，我接下來要開會，所以我得回去辦公室了。希望你順利！

崔佛：謝謝你。

上述這種「對於同一件事情，雙方的看法不同」情況，對應起來頗為棘手。

就雅各的觀點來說，他很欣賞史提夫，認為史提夫得到升遷是當之無愧。另一方面，他也想維持與崔佛的同事情誼。的確，雅各或許沒有必要分享自己對這件事情的看法，他可以只是傾聽、認可對方的情緒就好，這樣反而比較輕鬆。但他在此的做法，提供了一個很有用的示例，說明要以怎樣的方式陳述自己的不同意見，才可能會讓人接受，以及要如何應對這種局面。

請注意，雅各在對話的開頭提問了幾個問題，把崔佛討厭史提夫的原因範圍縮小。這有助於雅各自己更清楚地瞭解情況，以及為什麼崔佛會有那樣的看法，也從而得到了認可崔佛想法和感受的具體依據。

接著，他採取謹慎的態度，沒有馬上反駁崔佛的主觀臆測，而是去認可崔佛那份不滿的情緒。他先承認對方處境的難處，然後再徵求同意分享自己的想法。

雅各在表述自己的觀點之前，再次對崔佛的想法和感受表示認可。注意看看他是如何在回饋意見中，避免使用「但是」這類的字眼。如果他說的是「……那種滋味很不好受，『但是』我其實很佩服史提夫的工作表現」，那麼，前一句肯定說法就會被徹底否定，使得崔佛更可能築起防備。

當崔佛回應「我也一樣很努力啊」，他確實是產生了防備心。所以雅各回到認可的步驟，認可對方所表達的想法和感受，然後就不再多言。在此情況中（由於雅各並不是崔佛的主管），就此打住或許是明智的做法。

假如雅各是崔佛的主管，他就有責任給予他建設性的意見回饋。如果是那樣，他可能就會選擇肯定崔佛確實很努力工作，然後再讓他明白他沒有立下大功、工作成果不如預期等等。

[現 實 情 境 **2**]

高中校園人際風波

現實情境二：高中校園人際風波

西妮是個十六歲的高中生，她向她的母親凱倫抱怨高中女孩小圈圈的紛擾。

西妮：煩死了，我恨透了高中生活！

凱倫：怎麼了？（傾聽L）

西妮：我剛剛才知道，原來小蕊一直在背後跟芮秋、還有其他人說我壞話。她跟大家說，我每次都搶走她喜歡的男生！現在我覺得大家都討厭我，做什麼事情都不再邀我了。

凱倫：蛤？她為什麼要這樣做？（微認可MV、傾聽L）

西妮：我哪知道呀！她顯然喜歡札克，札克卻約我這個週末去看球賽。但我根本就對他沒意思，我也完全沒有跟他搞曖昧！

凱倫：嗯，原來如此。所以妳覺得她在吃醋？（傾聽L）

西妮：對呀，絕對是！

凱倫：而且身邊朋友都跟她站在同一國，甚至不給妳解釋的機會，這種感覺

一定讓人覺得心冷。（認可V）

西妮：嗯，的確。

凱倫：妳打算怎麼做？（傾聽L）

西妮：我不知道……我有找小妮談過這件事，但她只會擺出一副「好哦，是這樣喔」的樣子看著我，好像不想聽似的。

凱倫：唉，好糟糕。她連聽都不肯聽？（認可V、傾聽L）

西妮：對啊！

凱倫：哇，真的很令人苦惱。（認可V）

（凱倫停頓了片刻，確認女兒是否還想多說什麼。）

凱倫：我其實有一些想法，關於妳可以怎樣處理這個問題。妳想聽聽看嗎？

（徵求同意給予意見回饋AP）

西妮：好啊。

（凱倫給出意見回饋）

凱倫：我很難過妳現在不得不面對這種人際紛擾。高中的社交生活可能會很辛苦。如果妳想多談，或者只是想發洩情緒也好，我都願意聽妳說。（再次表示

認可VA）

西妮：謝謝，我很感激。

凱倫與女兒簡短的交談中，展現出傾聽與認可技巧的充分結合。注意看一下，她先停頓了片刻才開口詢問可否給出意見。雖然每種情況各不相同，但像這樣稍作停頓，可以確保你不會太快將談話跳到意見回饋。即使你會徵詢同意再分享意見，你也應當確認你是否給了對方機會把所有憋在心裡的話說出來。

在你表示認可反應，並且停頓片刻之後，對方的回應可能會是：

1. 接受認可的話語，並且持續訴說（例如「沒錯！而且她還跟我說……」）

2. 接受認可的話語，然後停頓不語（例如「嗯，沒錯。」）

如果對方繼續訴說，那就繼續傾聽、繼續給予微認可。如果對方接受了認可，然後停頓不語，那你就可以詢問對方是否想聽聽你的想法。

[現 實 情 境 **3**]

朋友經歷離婚

現實情境三：朋友經歷離婚

琳西與凱特是很要好的朋友。

琳西：嘿，凱特！一切都好嗎？

凱特：老實說，不太好。

琳西：是哦！？怎麼了？（傾聽L）

凱特：約翰和我提離婚。

琳西：天啊，真的假的!?凱特，我很遺憾……（停頓）這是什麼時候的事啊？

（微認可MV、傾聽L）

凱特：昨天晚上。

琳西：妳有料想過會走到這一步？你們倆遇到了什麼問題嗎？（傾聽L）

凱特：算是吧，我也不知道……我沒想到真的會發生。過去半年多以來，我們之間變得疏遠，但我沒多想，以為那很正常。他後來才告訴我，他正和別的女人交往。

琳西：有沒有搞錯啊！？唉……凱特，我真的感到難過。（微認可MV）

（琳西停頓了片刻，確認凱特是否還想多說什麼。）

琳西：妳現在心情還好嗎？他是昨天晚上才跟妳說？（傾聽L）

凱特：是的。坦白說，我到現在感覺都很麻木。我暫時不想去想這件事。

琳西：我理解妳的心情……我簡直不忍想像。（認可V）

凱特：嗯。

（談話停頓了一會兒。凱特顯然不想再多談。）

琳西：……嘿，我會陪伴在妳身邊。謝謝妳讓我知道這件事。這真的是難以承受的打擊，我實在不忍想像。任何時候只要妳想要聊聊，我隨時都願意傾聽。（再次表示認可VA）

注意看看，琳西不但沒有因為擔心揭開凱特的傷口而迴避話題，反而提問了幾個問題來更瞭解情況。

凱特似乎沒有立刻牽動情緒，於是琳西問她是什麼樣的心情、有什麼感受。雖然凱特沒有準確描述特定的情緒，但琳西還是盡其所能地對這種艱困的處境傳達理解。

在此顯然沒有回饋意見的空間，而且凱特也很快表明不想多談。因此，琳西謝謝她、再一次表示理解與尊重，並且留給她一扇敞開的門，隨時歡迎她聊聊。

[現 實 情 境 **4**]

應徵上新工作

現實情境四：應徵上新工作

泰勒和艾力克斯兩人是泛泛之交。他們是透過共同的朋友認識；兩人每隔一兩個星期會碰到面。

艾力克斯：泰勒！好一陣子沒見了，近況如何？

泰勒：不錯呀！目前日子都過得挺好的。

艾力克斯：太好了。工作都順利嗎？（傾聽L）

泰勒：事實上，我超開心——我應徵上了別間公司的工作！

艾力克斯：真的嗎！？恭喜你！（微認可MV）

泰勒：謝謝！

艾力克斯：你的新職務是什麼？（傾聽L）

泰勒：客服經理。

艾力克斯：真厲害！你之前就是從事客服工作，對不對？新的這份職務有什

麼不一樣嗎？（微認可MV、傾聽L）

泰勒：這個嘛，我之前就只是每天接應電話、每天被顧客狂吼咆哮，但到了新公司之後我將管理一個團隊、培訓新進員工，還有與上層主管一起合力改善整個客服系統。我非常期待。

艾力克斯：我猜你應該很高興擺脫第一線的客訴電話？（微認可MV、傾聽L）

泰勒：是啊，你很難想像那有多累人。

艾力克斯：那是一定的啊。一般打客訴電話的人講話可能都很無情。每天都

得與奧客交手想必很折磨人。（認可V）

泰勒：的確。我相信我之後還是得偶爾應對氣憤的客戶，但是會比以前少得多。

艾力克斯：啊，太好了。（認可V）

泰勒：對呀，我非常期待！

艾力克斯：說真的，泰勒，恭喜你。你什麼時候開始到新公司上班？（再次表示認可VA、傾聽L）

泰勒：星期一。

艾力克斯：要再跟我分享新工作的情況哦！

泰勒：好，我會的。謝謝你。

在這段交談中，艾力克斯以一些輕鬆而又有效的方式給予友人肯定。當泰勒談起新工作時，艾力克斯察覺到一個可以肯定對方興奮和自豪感受的機會。於是他以一致的能量狀態回應泰勒的興奮雀躍，展現他對這件好消息的重視與情感相連。另外，他也運用「猜測提問法」肯定泰勒先前職務的辛苦，特別是應對氣憤的顧客所帶來的壓力。

這段談話簡短輕鬆，然而艾力克斯對於泰勒遇到的正面事件，投注了真切關注與正面回應，無疑會讓人深受激勵。泰勒在談話結束後，很有可能感覺更加振奮，同時也對艾力克斯有更多好感。

[現實情境 5]

妻子的育兒辛勞

現實情境五：妻子的育兒辛勞

凱莉是全職媽媽，在家養育三個年幼孩子。她的先生馬克下班回家後，看見她顯露疲態。

馬克：嘿，親愛的，妳今天都好嗎？

凱莉：忙翻天。

馬克：真的哦！？發生了什麼事嗎？（傾聽L）

凱莉：我只是需要喘口氣。

馬克：孩子們不乖？（傾聽L）

凱莉：不是。不僅只是孩子乖不乖而已。我趕著接送孩子、陪他們做功課、踢足球，又要做午餐、打掃房子，盡心盡力照顧好每一個人。我實在沒有那麼厲害。

馬克：妳每天要照料孩子，同時又要做那麼多家務，任誰都會覺得疲於奔命。（認可V）

凱莉：嗯，我想只要順利完成今天該做的事，我就會恢復了。

馬克：妳還有什麼事情要做？（傾聽L）

凱莉：我答應小蕾要唸故事書給她聽，之後我得要去處理洗好的衣服。

馬克：妳今天做的事情已經超乎一般人一個星期的工作量了。我們都累了……嗯，妳覺得這樣好不好，妳去為小蕾唸故事書，我去摺衣服，然後做完這些事，我們倆就可以放鬆一下？（認可V）

凱莉：聽起來不錯。謝謝你。

這段對話方式所運用的技巧非常簡單，不外乎就是基本的傾聽和認可。注意看看，馬克是如何藉由提問來引領妻子傾訴想法和情緒，然後再以簡單的肯定話語回應。由此衍生而出的是他對妻子的體諒與關愛，讓妻子從繁忙的日常家務中得到寬慰，也讓彼此都能以放鬆的心情結束一天。

[現實情境 **6**]

遭指責服務不佳

現實情境六：遭指責服務不佳

凱薩琳是某間汽車服務廠的櫃台接待員。一位客人走向她，對於自己等了老半天、車子卻還沒修理好而暴跳如雷。

顧客：太扯了吧！我已經在這裡等了整整快兩個小時——跟你們預估的三十分鐘也差太多了，我的車竟然還沒修好！搞什麼鬼！？

凱薩琳：先生，很抱歉。我知道這很令人惱火，修理時間比我們原先告知您的還要久很多。我正在聯絡師傅，瞭解現在的情況。（認可V）

顧客：哼，這是我遇過最爛的修車服務。別鬧了！

凱薩琳：我理解您的感受，要是我也會覺得不滿。我相信這已經影響到您的其他計劃，或讓您去不了您需要到達的目的地。如果還有補救的餘地，我可以安排免費接駁車送您去您要去的地方，等到車子修好再接您來取車。另外，我也會在我得到消息後，立刻打電話向您回報。（認可V）

顧客：不必了，我已經趕不上開會了。叫你們師傅出來！

凱薩琳：當然，我們馬上會有人來向您說明。再次向您致上十二萬分的歉意。我們盡全力做到準確估算交車時間，但這次顯然出了紕漏。我們會竭盡所能補償和改正。

面對氣憤的顧客，這種場面可一點都不好玩。在上述例子中，凱薩琳做到了認可這位顧客的不滿情緒，並且盡其所能地為估算時間錯誤做出補償。雖然她無法讓客戶的車子更快修好，但她能夠安撫他的情緒。她發揮同理心，體會到他現在也許趕不上赴約、無法去辦其他事情等等，設身處地的同理思維讓她表現出更真誠、且更有力的認可反應。

然而，要是凱薩琳採取防備姿態，情況就可能會愈演愈烈。遺憾的是，這種使問題加劇的情景屢見不鮮。類似的橋段如下：

凱薩琳：我很抱歉，但我得到的訊息就是這樣。他們正在盡快處理了。

顧客：太扯了吧！妳明明說三十分鐘就能搞定！

凱薩琳：嗯，我知道，可是現在我也無能為力啊。請您再耐心等候，我收到答覆就會立刻通知您。

顧客：要我耐心等候！？我已經在這邊乾等快兩個小時了！

凱薩琳：先生，請您冷靜。我會去跟他們說說看，確認一下是否還有其他辦法。

顧客：冷靜？換個剎車片，結果等了兩個小時的人又不是妳！妳憑什麼叫我冷靜！

從上述對話中，你是否能找到凱薩琳的否定回應？嗯，隨處皆是。儘管她完全沒有惡意（這點毫無疑問），但她的做法只會火上澆油。若能改以理解與認可的態度應對，就會產生截然不同的溝通結果。

[現實情境 **7**]

安撫孩子

現實情境七：安撫孩子

卡登是個四歲小男孩，他發現母親今晚跟朋友外出，於是開始鬧脾氣。他的父親吉姆試著安撫他的情緒。

卡登：媽咪去哪裡了！？

吉姆：媽咪跟她的朋友出去一下。

卡登：我也要去！

吉姆：卡登，對不起，我們今晚不能去陪媽咪。可是爹地在這裡呀……我們可以下樓去玩玩具！

卡登：我不要！爹地，我要媽咪！

吉姆：嗯，卡登，我知道你想媽咪。媽咪不在家你很不開心，對嗎？（傾聽L、認可V）

卡登：（雙臂交叉在胸前，氣嘟嘟的樣子）對……

吉姆：爹地也很想媽咪快點回家。她很溫柔、很親切，又很會講故事給你聽，

對不對？（認可V、傾聽L）

卡登：（依然微微啜泣，但明顯平靜許多）嗯。

吉姆：媽咪答應回家之後，會來幫你蓋好被子、唸故事書給你聽。你覺得好不好？

卡登：好。

吉姆：那一定會很有趣哦。我們可以一邊等媽咪回家，一邊做起司通心麵。你想不想做做看？

卡登：好吧……

在上述例子中，吉姆一開始為了試圖轉移或忽視兒子明顯表露的失落情緒，而提醒兒子自己仍陪伴在他身邊。但這反而讓兒子的情緒加劇，使得他更加強調「我不要！爹地，我要媽咪！」

面對孩子無理取鬧，大人經常試圖與孩子講道理。我們可能會想：「別鬧了，孩子——你媽只不過是外出兩個小時就會回來了！」然而，所有為人父母者（或是曾經照顧過孩子的人）都可以作證，這種回應方式很少有用。情緒有時像是個難以駕馭的強大怪物，對於還不懂得情緒為何物、還不知道該如何處理情緒的孩童來說，這些猛烈的感受很可能讓他們感到不知所措。

當吉姆意識到兒子需要得到情緒上的理解與接納，便改變了自己的做法。因此，在他認可兒子難過情緒的同時，他也漸漸能夠讓兒子平靜下來。同樣地，當卡登發覺到父親理解他的感受，而且不會因此而否定批判他，他內心那座頑固之牆也會逐漸瓦解，進而能夠接受母親今晚會晚點回來。

結語

結語

如果你想要對他人的人生有所貢獻，你不必是個慷慨大方、有名有利、聰明絕頂，甚或是個完美無瑕的人。你只需要有顆關懷之心就夠了。

——凱倫・莎爾曼森（Karen Salmansohn）

至此，對於「認可是什麼、為什麼認可很重要，以及該如何給予認可」，你應該有了紮實的理解。在前面的篇幅中，我們詳述了認可的概念和作用，深入講解四步驟，並且也透過探討情境實例，瞭解四步驟的實際運用。而在本書最末的章節裡，我們將再補充幾項提示與建議，讓這個重要的溝通技巧能夠發揮最大效用。

當你自己需要認可的時候，該怎麼做？

隨著你對認可有了更多的瞭解，如今你更容易在自己渴望得到認可的時候有所察覺；而遇到這種情況，**直接表達需求通常是最好的做法**。

幾個月前，我感覺自己瀕臨工作和生活壓力爆表的程度了。於是我決定請一天假，處理擱置的事情，給自己休息和放鬆的時間，調整腳步再出發。

那天，我外出辦完幾件雜務後，途經我哥曾經跟我提過的一間新的男士理髮店。這裡的價位比我以往的理髮費用貴了一倍，但我當下覺得值得來點不一樣的嘗試。

我跟理髮師說明了我想要的樣子，殊不知他把我的話當作參考，開始自由發揮——我看著我的一大撮頭髮、比預期中還要多很多地落在地板上，心情也跟著沉重了起來。事到如今也無法恢復原狀，我只好告訴自己，我最好還是讓他剪完，並且盡量樂觀看待。

他在大功告成之後，把我的座椅轉向面對鏡子，臉上流露出洋洋得意的表情；可是，我本人實在是興奮不起來。這個髮型其實也沒那麼糟，只是根本不是我要的樣子，而且也讓我沒辦法再用我喜歡的方式做造型。

我走出理髮店，感覺非常不自在。我的思緒飛快地轉動著，想到當晚的約會、想到隔天上班同事們看到我會怎麼說，也揣想著我還有什麼辦法可以補救。

只是，我愈想愈覺得羞愧，不過是個髮型罷了，我居然要讓這般芝麻綠豆大的小事毀掉一天。於是我努力甩開彆扭的感覺，「這沒什麼大不了的，」我告訴自己：「大部分的人根本不會注意到我剪了頭髮。」然而，當我瞥見後照鏡中的自己，我的真實想法再度浮現：「唉，這個髮型真的很鳥……」那時我才意識到，如果我想要早點釋懷，我需要認可我的沮喪和擔憂情緒。

於是，我打給我的一位良師益友，告訴他我需要得到一些肯定和幫助來擺脫紛擾的思緒。我向他說明狀況，也自認為了這等小事搞砸心情很愚蠢。

「這的確會讓人很煩心啊，不是嗎？」他說：「頂著自己不喜歡的髮型本來就很難受，而你明天還得去上班，大家又會露出一種『哇噢！你的頭髮是怎麼一回事？』的樣子。」

他回應的這兩段話，尤其是第二段話，立刻替我分擔了很大一部分的擔憂。在交談的過程中，他沒有輕視我的感受，也沒有說出半句諸如此類的話：「我相信沒你講的那麼難看啦！」或「搞不好大家根本就不會注意到。」

他告訴我，他以前也很常對自己的頭髮感到彆扭（會說「以前很常」是因為他現在頂上無毛），因此他可以感同身受。聽完他一番真誠的肯定話語後，我感覺好很多，也問了他有沒有什麼方法可以抽離這種耿耿於懷的情緒。經過短短幾分鐘的交談，不出所料，我得以拋開窘迫感、拋開別人會怎麼想的顧慮，繼續過我的一天。

若你需要認可，就明確向對方表達需求吧！當然，最好是找已經知道如何給予認可的人傾訴，但如果對方不知道也無妨，你還是可以主動告知方向。例如，你可以這麼說：

「嘿，我現在感覺壓力好大，需要得到一些情感肯定。我可以訴苦一下嗎？你可以不用給我意見回饋，也不必建議我要怎麼做才能解決問題。我只是希望你能聽我好好傾吐一番，好讓我不會覺得自己要發瘋了。」

前幾天，我剛好有機會練習這個做法——我向我的家人傾吐煩心事，而當他們開始為我出主意時，我發覺自己漸漸變得惱怒和防備。實際上，我才在上一秒開口詢問他們的看法，接著立刻就對他們所講的一切充滿了怒氣。我花了一會兒工夫，先停止自己內心小劇場，轉而好奇自己為何頓時心生防備，我才意識到我真正需要的只是情感認可。說穿了，我早就想到瞭解決問題的辦法；我只是希望有人理解我所面臨處境的辛苦。我把這番想法告訴家人，他們也立即停止給建議。果然，在得到些許理解與接納後，我便得以放下情緒，感覺也好轉許多。

學習認可自己

除了向他人尋求認可，學會認可自己也很重要。我們是自己最嚴厲的批判者，常常以最嚴苛的方式論斷自己。練習自我慈悲（self-compassion）、學會認可自己，是培養良好的心理健康與快樂的重要一環。

就像給予他人認可的情形一樣，「自我認可」能用於正面和負面經歷。也就是說，當你表現出色的時候，你可以允許自己驕傲和興奮，而在事情結果不如所願的時候，你可以允許自己難過或懊悔。

大多數時候，我們會為了閃躲恐懼、擔憂、憤怒或悲傷等不舒服的感受，而否定自己的情緒。例如，在我剪出失敗髮型的例子中，我不斷告訴自己諸如此類的話：「這沒什麼大不了的」、「頭髮還會再長回來」或「根本就不會有人注意到」。

現在你應該不難看出，這些都是否定的說法，而且對情況也很少有幫助。像是「別多想，習慣就好了」或「不要得意忘形」之類的回話，無疑使人感到被壓制，然而，當這些話語出現在自我內在的對話之中，我們卻往往很難有所自覺。

不要忽視或批判自己的情緒感受，練習以對待摯友一般的方式認可自己。比方說，你可以對自己說：

- 我認真踏實地做完了這些工作，成果很棒。幹得好！
- 嗯，此刻我感到洩氣是合情合理的。因為我花了那麼多時間和心力做這頓飯，滿心期待和老公共度一個美好夜晚。
- 我眼下要處理的事情真的很多——無怪乎我會感覺壓力大到喘不過氣來。我想任何人置身我的處境也會有類似感受。退一步、慢下來或許是必要的。

忽視、否定或壓抑自身情緒，並不會使情緒消失，反而是將情緒埋藏、鬱積在心中，之後它們勢必會再冒出頭來。相反地，辨識和認可自己的情緒，就是卸除自我批判，像是「我有這種感覺很不好」、「這樣想不對」或「我不應該……」等等，轉而允許自己包容一切經歷感受。如此有助於你平息內在批判的聲音，讓你更能活在當下、享受人生。

小心期待落空

當你開始親身感受到認可的力量——可以安撫人心、可以幫助他人走出黑暗，也可以強化他人的興奮感和正能量——你會忍不住想在每一次與人談話時都給予對方認可（老實說，何樂不為！）

然而，儘管認可是非常有效的溝通技巧，它也難免會有「失靈」的時候。縱使你遵循所有步驟，而且真心誠意想要與對方交流，對方也可能會選擇不接受。簡言之，你可以隨時給人認可，但是不能保證對方必然會接受你的認可。

幾年前，我的友人和他的同學聊天。對方顯然有些愁悶，聊著聊著就抱怨起她正面臨的一些困擾。在交談的過程中，我的這位朋友認真聽她訴說、向她傳達理解，而且也沒有貿然給建議。對方絮絮叨叨發洩了好幾分鐘，而友人也持續傾聽、回以同理心與認可。就這樣，他滿懷期待從她的眼神裡看見一絲舒緩，期待看見她重展笑顏，沒想到她像鬼打牆似地又回到原點，從頭開始抱怨。

「根本沒用！」友人後來跟我說。不管他講了些什麼，或是有沒有張開耳朵聆聽，好像都沒差，對方始終沉溺在自己的情緒困局裡不肯罷休。他原本期待著可以「讓一切好轉」，最後卻感到不解和氣餒。「我不懂，」他語帶挫折地對我說：「我是哪裡做得不對啊？」

他跟我描述了他們的對話，而我著實找不出他有哪裡做得「不對」。雖然可能有其他因素造成影響，但從表面看來，似乎就只是對方當下的狀態無法接受認可。

話說在我剛開始寫這本書的某天，我和我的家人相約在附近一家餐館吃晚餐。我父親剛下班，明顯流露出疲憊神色，我看得出來他很努力保持注意力，不讓自己恍神。我問他今天過得還順利嗎。「還可以。」他回答。「只有還可以而已嗎？」我又問，引領他多談一點。「嗯，」他答道：「我今天不得不投入很多額外時間處理一件案子。」

我不忍看到父親承受重負的樣子，因此非常希望能替他分擔點什麼，讓他感覺好些。然而，我們所在的餐館人多嘈雜，而且我可以感覺得到他此刻沒有心情多談。不難理解，他辛苦了一整天已經精疲力盡，於是我決定就順其自然就好。

不論是場合背景不合適，或是對方無意鬆解鎖在心頭的情緒，當「認可」沒有發揮你所期望的效果時，別氣餒。總是會有其他機會。試圖「強行給予認可」可能只會讓對方更加心煩氣躁。

結語摘要

當你需要認可時，主動尋求。若你需要認可，明確表達需求，而不是期盼別人能發現。如果你的交談對象不熟悉認可的技巧，你可以告知基本概念，並且具體表示你想要／不想要什麼。

學習認可自己。不要貶低或忽視自己的情緒，而是要承認與接受它們。練習自我疼惜，學會認可自己，是培養良好的心理健康與快樂不可或缺的要素。

小心期待落空。縱使你遵循所有步驟，而且真心誠意想要與對方交流，對方也可能會選擇不接受。你可以隨時給人認可，但是你不能保證對方必然會接受，或是必然會表現出你期望的樣子。

後記

後記

我希望對你而言，這是一本有趣、富有洞見且有用的書。在撰寫本書的過程中，我確確實實地在不下萬次的與人談話中運用了「四步驟」。我仔細觀察每一次的交談，留意這些步驟的展開過程，再回過頭來審視並改進當中的原則和技巧，以確保這整套方法盡可能切實可行且有效。

話雖如此，但每個人、每一狀況各不相同，唯有透過你自己反覆試驗，從錯誤中學習才能真正掌握技能。即使我投入了多年時間養成這項溝通技能，有時仍難免會不小心表現出否定反應、貿然給出建議等等。當你發覺自己做出這些行為時，別氣餒——轉而看看那會演變出怎樣的結果；試問自己可以改用什麼其他方式處理這種情況，進而在往後盡早有所自覺。

如果傳達認可的過程感覺起來不自然、或很彆扭，不妨嘗試各種不同的方式、措辭等等，直到找到你覺得合適的姿態為止。你可以（而且也應該）依據你的個性，以及與人互動的情況靈活調整四步驟。經過一番練習，你就會明白如何輕鬆自如地、以最自然且真誠的方式運用這些步驟。

在你實際嘗試過後，我很希望能聽聽你的想法。哪些原則對你影響最深？你感受到哪些成果？對於那些想要提升傾聽與認可技巧的人，你有什麼建議？請來信至以下信箱與我分享 michael@ihearyoubook.com

最後，如果這些溝通原則對你的生活帶來了正面影響，請不吝到網路書店留言評論，或是與你的朋友或家人分享這本書。儘管這些溝通原則具有強大效果，我還是很訝異知道的人並不算多。當你和你的影響圈裡的人懂得如何「認可」，大家都能受惠。因為，你更能夠向你所愛的人展現肯定與支持，而反過來，他們也能夠同樣以此相待。

我衷心希望這些對我的人生有幫助的原則和做法，也一樣為你的人生帶來正面助益。最令人滿足的體驗，莫過於真正且深切地感覺到與他人的內心相通。最歡欣的共鳴，莫過於真心同感他人的興奮和好運。最美好的交談，莫過於發現自己在別人需要支持的時候，就陪在對方身旁。

記住，你遇見的每一個人，心中皆有恐懼、想望，在人生路上也都曾經有損傷。請記得，我們都希冀得到愛、肯定與連結感。不分年齡、性別、背景或種族，被傾聽——和被懂得，是人類內心最大的渴望。

謝辭

沒有我的良師益友兼人生教練，喬蒂・希爾布蘭特（Jodi Hildebrandt）的智慧與良言，這本書就不可能誕生。我對健康關係與有效溝通的領悟，大半可歸功她多年來的指引與教導。

註釋

頁035

① Gottman, John. The Relationship Cure: A 5 Step Guide to Strengthening Your Marriage, Family, and Friendships. Reprint Ed., Harmony, 2002.

頁052

② Shenk, Chad E., and Alan E. Fruzzetti. "The Impact of Validating and Invalidating Responses on Emotional Reactivity." Journal of Social and Clinical Psychology, Vol. 30, No. 2, 2011, pp. 163-183.

頁086

③ Gable, Shelly L., et al. "What Do You Do When Things Go Right? The Intrapersonal and Interpersonal Benefits of Sharing Positive Events." Journal of Personality and Social Psychology, Vol. 87, No. 2, 2004, pp. 228-245.

頁108

④ "RSA Reply – The Power of Vulnerability.: YouTube, uploaded by The RSA, July 4, 2013.

頁132

⑤ Billikopf, Gregorio. "Empathic Listening: Listening First Aid." Meditate.com, October, 2005.

頁134

⑥ Cabane, Olivia Fox. The Charisma Myth: How Anyone Can Master the Art and Science of Personal Magnetism. 2/24/13 ed., Portfolio, 2013.

頁136

⑦ Misra, Shalini et al. "The iPhone Effect: The Quality of In-Personal Social Interactions in the Presence of Mobile Devices.: EDRA, Vol. 48, Issue 2, 2014, pp. 275-298.

頁138

⑧ Mehrabian, Albert, and Morton Weiner. "Decoding of Inconsistent Communications." Journal of Personality and Social Psychology, Vol. 6, Issue 1, 1967, pp. 109-114; Mehrabian, Albert, and Ferris, S.R. "Inference of Attitudes from Nonverbal Communication in Two Channels." Journal of Consulting Psychology, Vol. 31, Issue 3, 1967, pp. 48-258.

傾聽的力量

練習一個神奇的傾聽法則，創造圓滿關係，讓人信任讚嘆「你都懂！」

I HEAR YOU: The Surprisingly Simple Skill Behind Extraordinary Relationships

作　　者　麥可 · 索倫森 Michael S. Sorensen
譯　　者　朱詩迪
行銷企畫　劉妍伶
責任編輯　陳希林
內文構成　呂明蓁
封面設計　陳文德

發行人　王榮文
出版發行　遠流出版事業股份有限公司
地址　104005 臺北市中山區中山北路 1 段 11 號 13 樓
電話　02-2571-0297
傳真　02-2571-0197
郵撥　0189456-1
著作權顧問　蕭雄淋律師

2022 年 02 月 01 日　初版一刷
定價　平裝新台幣 340 元（如有缺頁或破損，請寄回更換）

ISBN　978-957-32-9403-0
遠流博識網　http://www.ylib.com
E-mail　ylib@ylib.com

傾聽的力量 : 練習一個神奇的傾聽法則 , 創造圓滿關係，讓人信任讚嘆「你都懂 !」/ 麥可 . 索倫森 (Michael S. Sorensen) 著 ; 朱詩迪譯 . -- 初版 . -- 臺北市 : 遠流出版事業股份有限公司 , 2022.02
　面；　公分
譯自 : I hear you : the surprisingly simple skill behind extraordinary relationships
ISBN　978-957-32-9403-0(平裝)

1. 傾聽 2. 溝通技巧 3. 人際關係

177.1　　　　110021695